职业教育电子商务专业新形态教材

新媒体电商直播运营

XINMEITI DIANSHANG ZHIBO YUNYING

主　编	任小琼	郑　刚	
副主编	卢　英	熊传红	罗　颖
	张　亚	赵若馨	
参　编	毛珮璇	刘　学	李祥静
	张从军	蒲明慧	于小琴
主　审	何政文	陈良华	

重庆大学出版社

图书在版编目（CIP）数据

新媒体电商直播运营 / 任小琼，郑刚主编. –– 重庆：
重庆大学出版社，2024.3
职业教育电子商务专业新形态教材
ISBN 978-7-5689-4353-6

Ⅰ.①新…　Ⅱ.①任…　②郑…　Ⅲ.①网络营销—职
业教育—教材　Ⅳ.①F713.365.2

中国国家版本馆CIP数据核字（2024）第057186号

职业教育电子商务专业新形态教材

新媒体电商直播运营

主　编　任小琼　郑　刚
主　审　何政文　陈良华

责任编辑：章　可　　版式设计：章　可
责任校对：邹　忌　　责任印制：赵　晟

＊

重庆大学出版社出版发行
出版人：陈晓阳
社址：重庆市沙坪坝区大学城西路21号
邮编：401331
电话：（023）88617190　88617185（中小学）
传真：（023）88617186　88617166
网址：http://www.cqup.com.cn
邮箱：fxk@cqup.com.cn（营销中心）
全国新华书店经销
重庆市正前方彩色印刷有限公司印刷

＊

开本：787mm×1092mm　1/16　印张：11.75　字数：295 千
2024年3月第1版　　2024年3月第1次印刷
ISBN 978-7-5689-4353-6　定价：49.00元

+

QIANYAN

前言

　　随着电子商务市场竞争的加剧,很多商家通过各种方式抢占市场,于是电商直播应运而生。新媒体电商直播通过触达目标人群的情感世界,增强了消费者对产品或品牌的辨识度,可以说新媒体电商直播为商家的推广运营注入了新的力量。

　　本书以虚拟化的人物为主线,以"项目—任务—活动"的方式展开教学,共设6个项目,22个任务。本书以淘宝、抖音、小红书等新媒体电商平台为依托,以家居类产品的直播运营作为主线,涵盖了直播准备、直播计划与实施、直播复盘等方面的知识与技能。

　　本书特色:

　　1.思政元素融入课程:本书选择国潮家居类用品为载体,以服务区域经济的电商直播案例为教学素材,在内容中融入服务国家产业经济的家国情怀、精益求精的工匠精神、爱岗敬业的劳动态度,实现思政元素与课程内容的融合。

　　2."岗课赛证"一体融通:本书对接电子商务人才培养方案和"1+X"直播运营初级证书的内容和要求,将直播销售岗位和运营推广岗位的工作内容融入其中。

　　3.教学内容项目化:全书按照新媒体电商直播运营流程细分为6个项目,项目中的每个任务与实践相结合,以工作过程为主线,让学生体验真实的职场情境,避免了理论讲授的传统教学模式。

　　4.教学目标明确化:每个项目有三维目标和检测标准,使教与学有明确的目标和要求,有利于推动教学内容的逐步开展。

　　5.学习角色化:本书采用建立在职场需求上的情景化教学,为学习者创设了真实的工作情景,学习者也是职场人。

6.丰富的配套资源:本书配套了完整的电子教案、课件、素材、微课等教学资源。

本书由重庆市九龙坡职业教育中心任小琼、郑刚任主编,卢英、熊传红、罗颖、张亚、赵若馨任副主编,具体编写分工如下:项目一由任小琼、郑刚编写,项目二由任小琼、赵若馨编写,项目三由毛珮璇、卢英编写,项目四由张亚和熊传红编写,项目五由罗颖编写,项目六由刘学、李祥静、张从军、蒲明慧、于小琴编写。中教畅享(北京)科技有限公司王鹏和重庆泳洲科技发展有限公司赵晓林为本书提供技术支持和数据支撑。本书由何政文、陈良华主审。

由于作者水平有限,书中难免有疏漏之处,敬请广大读者批评指正。

编　者

2023年11月

MULU

目录

项目一
走进新媒体电商直播

【 **项目概述** 】

鉴于智能手机与电商购物的普及，电商直播成为新的经济增长点，也被视为新媒体运营转化流量的利器。李琳同学作为电子商务专业的学生，想系统参与电商直播活动，于是前往一家经营家居用品的电商企业实习。来到企业后，李琳跟随经理走进了"家纺旗舰店"直播间。经理告诉李琳："学习直播之前首先要了解各大新媒体电商运营平台，只有充分了解各个平台后，才能精准定位用户群体，展开直播运营。"

【 **项目目标** 】

知识目标

+ 了解新媒体电商的分类；
+ 了解直播的常见形态；
+ 了解直播的特点。

技能目标

+ 能描述各大新媒体电商运营平台的特点；
+ 能选择合适的新媒体电商运营平台；
+ 能开通电商直播权限。

思政目标

+ 遵守直播行业的相关规范；
+ 将直播技能服务于乡村振兴。

【 项目导学 】

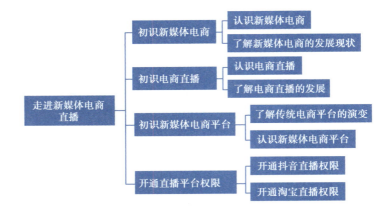

［任务一］

初识新媒体电商

◆ 任务描述

"经理，新媒体电商平台就是淘宝吗？"李琳同学问道。经理说："新媒体电商其实就是利用公众账号、小视频、直播、新闻等累积粉丝，再通过广告、电商等方式变现的模式。除了淘宝、天猫、唯品会等传统电商平台，也有微信、微博、抖音等新媒体平台，以新媒体+电商的结合形式，服务于区域经济发展。

◆ 任务实施

活动一　认识新媒体电商

随着电商行业的不断发展，新媒体电商从传统电商中衍生而出。

一、新媒体电商的含义

新媒体是相对于电视、报纸、广播、杂志等传统媒体来定义的，包含视频、语音、图文等内容形式。近年来，社会高速发展，越来越多的人已经离不开新媒体，新媒体电商也因此应运而生。

新媒体电商及电商+新媒体，采用了传统电商与新媒体相结合的方式对商品进行展示和销售，如微博、抖音、小红书等平台对商品进行展示，进而实现商品的在线销售。新媒体电商正处于不断发展的阶段，各种新模式、新业态层出不穷，电商行业在新媒体行业的带动下发生了巨大的变革。

做一做

部分新媒体电商平台的Logo见表1-1-1。这些Logo你都认识吗？请把Logo对应的平台名称填写在表格中。

表1-1-1　新媒体电商平台的Logo

抖音	_____	_____	_____

二、新媒体电商的分类

新媒体电商可以大致分为两类：一类从新媒体平台演变而来，另一类从传统电商发展而来。

1.从新媒体平台演变出的新媒体电商

如今日头条、抖音、快手、微博等新媒体平台，从自身发展出发，逐步加入了一些在线交易的电子商务模块，从而成为新媒体电商，它们的核心仍然是新媒体。

 做一做

新媒体电商的跃迁之路，如图1-1-1所示，请你在横线处将信息补充完整。

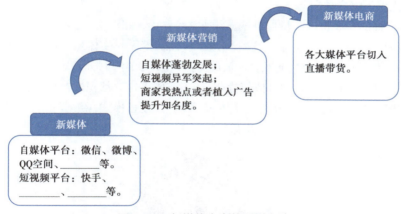

图 1-1-1　新媒体电商的跃迁之路

2.从传统电商发展出的新媒体电商

如淘宝、天猫等传统电商平台，根据时代发展的特点，附加新媒体的引流方式，实现引流与变现的结合，成为新媒体电商。

 做一做

微信是一种快速发送语音短信、视频、图片和文字，支持多人群聊的手机通信软件。微信属于新媒体吗？请将你的观点写在下面的横线上。

_____

活动二　了解新媒体电商的发展现状

近年来，电商行业在新媒体行业的带动下发生了巨大变革，对我国消费市场的多元化发展起到了重要的推动作用。

一、新媒体与电商深度融合

新媒体和电子商务行业有机融合，如图1-1-2所示。一方面，新媒体具有越来越多的电子商务功能；另一方面，越来越多的商家建设自身的新媒体平台，为自身的电子商务模块提供服务。例如，淘宝和抖音、京东与快手的合作都充分体现了产业和行业融合程度加深的趋势，实现销售路径更短、更直接，销售方式更加多元化。

图 1-1-2　电商 + 新媒体融合发展

二、线上线下深度融合

新媒体电商的发展将进一步促进线上线下深度融合，如图1-1-3所示。因为电商的兴起，一些实体零售商线下门店的客流量锐减，营业额大幅下降，对实体零售业造成巨大冲击，让实体零售商不得不思考线上线下融合发展的可能性。2020年，广州市举办"首届直播节"，这是全国第一个以城市为平台的直播带货节，许多实体零售商都积极参与，尝试新的销售模式。新媒体电商显然不能完全取代传统实体店面对面的销售模式，线上与线下两者结合会给实体店和新媒体电商带来更大的发展机遇。

图 1-1-3　线上线下融合发展

做一做

传统电商的流量红利已经过去，社交电商开始占据主流的发展地位，借助社交网络实现低成本引流。请利用信息技术手段收集"蜜雪冰城"的营销案例，分析"蜜雪冰城"持续获得关注的原因，并将分析的结果填写在表1-1-2中。

表1-1-2　　"蜜雪冰城"营销案例

蜜雪冰城MV歌词	
花费投入	
传播平台	

阅读有益

新媒体电商直播助力乡村振兴

某职业教育中心充分发挥自身专业优势，开展产教融合实践，为村镇的椒农们直播带货，如图1-1-4所示。在直播过程中，学生们走进花椒地，将花椒的栽种、收割、烘干、筛选、称重、封装等全套生产流程展现出来，让更多的人认识并了解了当地的花椒品牌，最终卖出1 000余份花椒，助力乡村发展。

图1-1-4　直播带货助力乡村发展

[任务二]

初识电商直播

◆ **任务描述**

　　新时代背景下，网络直播成为新兴的传播形式。李琳同学问经理："当前还是电商直播引流的红利期吗？电商直播是什么时候兴起的呢？"经理说："从2008年的秀场直播到2014年的游戏直播，我国直播行业经过这些年的探索与发展，并伴随5G技术的普及，迎来了流量红利期。"

◆ **任务实施**

活动一　认识电商直播

　　最初的网络直播是在网上提供电视信号，通常是各种晚会、体育赛事、综艺节目的直播。

一、电商直播的概念

　　直播的本质是一种与观众互动的实时视频表演。直播的魅力可以归结为3个词：真实、实时、互动。观众看到的是没有经过后期剪辑的现场实时直播，实时发生的场景能给观众身临其境的现场感。时至今日，直播中融入了交易变现的商业活动，从而就有了直播电商。

　　直播电商是指通过网络直播的形式，让更多网民认识商品，从而达到推广、销售商品的目的。

二、电商直播的三要素

　　电商直播的商业模式核心是人、货、场三要素，如图1-2-1所示。所谓的人、货、场就是消费者、商品和连接商品与消费者的渠道，目前，人、货、场正朝着精细化、个性化及多样化的方向发展。

图 1-2-1　电商直播三要素

　　1.电商直播要素之一——人

　　电商直播中的核心要素之一——人包括哪些呢？直播视频中的销售者或网红、提供产品的商家以及不同时间和空间场景中观看直播的用户，主播、用户、商家共同构成了电商直播的利益共同体。当然一场成功的直播还离不开助理、灯光师、预热策划人员等工作人员的配合及辅助，只有团队协作才可以保证直播的有序进行。

2.电商直播要素之二——货

货是整个交易的关键，商品的品质、促销活动和售后服务等因素都是影响直播间人气的关键所在。所以选择品质货物，不仅在直播销售中能够获得不错的销售数据，还能减少销售之后的退换货处理事务。

3.电商直播要素之三——场

一场成功的直播，场地的选择也是影响直播效果的关键因素之一，适合的直播间和直播时间有助于培养粉丝的观看习惯。如果园、茶叶等类的商家可以选择户外产地直播（图1-2-2），服饰类商家可以选择室内直播（图1-2-3）等。

图 1-2-2　产地直播　　　　　　　　图 1-2-3　室内直播

活动二　了解电商直播的发展

一、电商直播的发展历程

21世纪伊始，电脑摄像头出现并大规模普及，人们通过聊天室等多种方式与他人进行视频对话，而这种方式也逐渐成为直播的雏形。随着互联网技术的快速发展，直播电商逐渐成为一种新型的商业模式。中国电商直播带货的发展包含以下3个阶段。

第一阶段：2016年，淘宝直播正式上线，成为中国直播电商的开端。淘宝直播主要面向淘宝商家，通过主播在直播间展示商品，吸引用户购买。当时，淘宝直播的特点是以品牌为主，以低价为辅。此外，淘宝直播还采用了一些创新的模式，如"直播+短视频"等，为用户提供更加丰富的购物体验。

第二阶段：2018年，快手和抖音相继推出了直播功能，开始进入直播电商领域。与淘宝直播不同，快手和抖音以个人主播为主，以娱乐、生活等内容为切入点，吸引用户关注。此外，快手和抖音还采用了一些新的营销手段，如"短视频+直播"等，为用户提供更加便捷的购物体验。

第三阶段：2020年，为了应对疫情这一挑战，许多商家开始转向线上销售。直播电商得到了进一步的发展。知名一线主播的销售额突破了数十亿元，成为行业的代表人物。此外，政府也出台了一系列政策支持直播电商的发展，如《关于促进电子商务健康发展的意见》等。

 做一做

你曾浏览或长期关注过哪些直播呢？比如知识输出型的、表演秀场型的等，请将你喜欢并关注的直播账号的相关信息填写在表1-2-1中。

表1-2-1　推荐IP账号

分类	IP标签	粉丝数	喜欢的理由
教育类直播账号			
才艺类直播账号			
新闻类直播账号			

二、电商直播的发展特点

1.科学技术的发展推动电商直播行业的发展

在移动互联网时代，在线直播通过视频形式输出内容与用户互动，视频播放的流畅性和互动氛围的渲染，能够有效提升用户体验。大数据、人工智能、VR（虚拟现实）和AR（增强现实）等新技术能帮助用户找到与自己喜好精准匹配的内容，提升直播效果，全方位推动电商直播行业的发展，如图1-2-4所示。

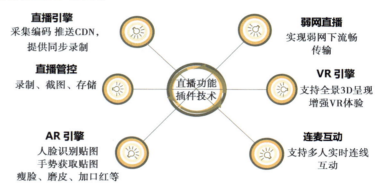

图 1-2-4　各项技术助力电商直播效果

🔍 做一做

除了上述提到的技术助推直播行业的发展外，目前，在电商直播行业中还运用了哪些技术呢？请补充至少两个内容，写在下面的横线上。

_____

_____

2.电商直播与各行业融合发展

直播带货是一种新型的营销方式，通过电商直播平台实时展示商品，为了与其他行业进行跨界融合，直播带货需要在内容、场景、体验等方面进行创新和整合，以提供更加多元化的消费体验。目前，直播+文化与旅游、直播+娱乐与演艺、直播+教育与知识付费、直播+健康与医疗等行业融合发展，如图1-2-5所示。"直播+"模式成为主流，与各行业形成集群发展的同时也有利于直播承载内容的拓展。

3.电商直播行业规范化发展

2022年9月21日，中国计量科学研究院联合中国质量认证中心、中国海关科学技术研究中心等多家单位，在北京共同发布了《直播电商行业高质量发展报告（2021—2022年度）》蓝皮书，如图1-2-6所示。

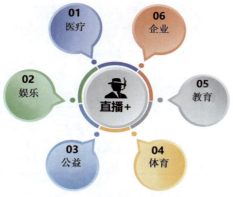

图 1-2-5 "直播 +"模式

蓝皮书对当前直播电商行业的发展、监管和平台治理以及行业质量提升和质量创新现状进行了系统性阐述,肯定了直播电商在服务质量提升、品牌权益提升、供应链质量提升中发挥的积极作用,总结提出了直播电商的高质量发展趋势及品牌方的战略建议。

随着各类扶持政策和监管规章出台,直播电商行业迎来规范化发展新阶段。越来越多的直播平台和直播机构主动完善治理规则,遵守规章制度,为用户构建更安全、更放心的直播购物环境,营造消费新场景,拓宽消费新空间,推动行业进一步健康有序发展,为国内消费增长提供支撑。

图 1-2-6 直播电商行业规范化发展蓝皮书

🔍 做一做

1.找一找当前主播带货的真实案例,并将具体的数据记录在下面的横线上(提示:××时间,××人为××商品代言,流量突破×××,销量突破×××……)。

_____

_____

_____

2.市面上的直播平台推陈出新，各平台都有各自的特点。请上网查一查，电商直播平台有哪些？至少找出4个，填写在表1-2-2中。

表1-2-2　直播平台特点分析

电商直播平台	优势	创立时间

阅读有益

私域流量和公域流量

　　私域流量，是指个人拥有完全支配权的账号所沉淀的粉丝、客户、流量，可以直接触达，多次反复利用，如QQ群、微信群、博客等社群粉丝。如图1-2-7所示为某超市的会员群，在微信群里定时向大家推荐各种商品的促销活动。

　　公域流量，是指不可控的流量，淘宝、抖音、百度都是一个巨大的流量池，可以通过投放一些广告去获取流量。比如在抖音平台里推出关于"T3出行"App的付费推广，如图1-2-8所示。

图 1-2-7　微信群推广　　　　图 1-2-8　抖音平台推广

［任务三］

初识新媒体电商平台

◆ **任务描述**

通过经理的介绍，李琳同学了解了电商直播的发展历程，对电商直播有了初步的认识。她有了新的疑问："那新媒体电商直播平台有哪些呢？"经理解释："新媒体电商直播平台在电商直播的基础上融入了运营推广活动，如今常见的主流新媒体运营平台有抖音、快手、淘宝直播等。"

◆ **任务实施**

活动一　了解传统电商平台的演变

传统电商经过多年的竞争和优化，依靠互联网上的店铺在线展示商铺物品进行交易，形成了成熟的销售模式。传统的电商平台有淘宝、天猫、京东、当当、唯品会、拼多多、亚马逊等，部分电商平台的Logo如图1-3-1所示。传统电商正在随着这个时代而不断变革，其营销手段从传统的以商品为中心，进行打折、降价促销等逐渐过渡到以用户为中心，培养直播达人、内容达人等进行推介销售。

图 1-3-1　部分电商平台 Logo

随着电子商务行业进入转型升级阶段，传统电商正发生着变化，如拼多多与腾讯合作，依靠微信裂变效果提升用户数量和知名度；淘宝推出天天特价App、上线拼团功能等，这些传统电商平台都在依靠社交进行产品输出，如图1-3-2所示。

图 1-3-2　部分电商和新媒体社交平台合作

做一做

1.微信具备明显的圈层性，具体体现在哪些方面？（　　　）

A.地域性　　　　　　B.同类性　　　　　　C.行业性　　　　　　D.阶层性

2.运营微信公众号的最终目的就是获利，变现的模式主要有广告变现、电商变现和_____变现。

活动二　认识新媒体电商平台

一、新媒体平台分类

新媒体行业是一个新兴的热门行业，门槛相对较低。其内容形式主要分为3种，分别是图文、视频和直播，有时候这3种内容形式集中在某一个平台中，但每种内容形式都有比较主流的平台，如抖音主打小视频，小红书侧重于图文等。部分新媒体平台的Logo如图1-3-3所示。

图 1-3-3　常见新媒体平台

1.图文类

图文类的自媒体，以微信公众号、百家号、企鹅号、知乎自媒体等为主，这些内容平台对图文形式相对比较友好，如图1-3-4所示。

图 1-3-4　图文并茂形式

2.视频类

视频类自媒体主要分为长视频、短视频（5分钟以内）和小视频（1分钟以内）平台，其中短、小视频一般发布在抖音、快手和视频号等，长视频则发布在优酷、爱奇艺、腾讯视频和Bilibili等。

做一做

视频发布的新媒体平台见表1-3-1。

表1-3-1 视频媒体平台

新媒体平台	时长	内容价值
优酷、爱奇艺、腾讯视频、Bilibili、_____、_____	长视频	精细内容、有观看价值
西瓜、_____、_____	短视频	垂直内容、深耕某领域
抖音、快手、_____、_____	小视频	内容独特、有趣味性

3.直播类

直播是比较新型的内容形式，具体分为电商直播、游戏直播以及娱乐直播等，如图1-3-5所示为电商直播。常见的平台有百度直播（YY直播）、视频号直播、淘宝直播、京东直播、快手直播、抖音直播等。

图 1-3-5 电商直播

 做一做

微信公众号、新浪微博、知乎、百度百科是各互联网企业都需要深耕的新媒体平台，请你按类别分别列举几个常见的电商直播平台，将平台名称补充在表1-3-2中。

表1-3-2 新媒体电商平台分类列举

内容形式	新媒体电商平台
图文类	百度问答、_____、_____
视频类	优酷、_____、_____
直播类	花椒直播、_____、_____

二、新媒体电商平台推广

新媒体电商平台"种草"是指通过电子商务平台向消费者推荐和推广某个产品或品牌，以引起他们的兴趣和购买欲望。这种推广方式主要依靠文字、图片、视频等多种形式的内容，通过描述产品特点、分享个人体验、展示产品效果等手段，诱导潜在消费者对特定产品产生购买意愿。新媒体电商平台"种草"吸粉形式通常有以下5类，如图1-3-6所示。各种内容输出就是为了让用户产生新的需求，激发消费者的购买内驱力，以内容的推广影响消费者的购买决策。

产品视频种草　　场景视频种草　　模特口播种草　　剧情视频种草　　对话式视频种草

图 1-3-6　新媒体电商平台"种草"形式

 做一做

1.请阐述视频"种草"的意义。将答案写在下面的横线上。

_____

2.在网络中搜索关于国产新能源汽车给人们带来价值的视频，请判断它属于什么类型的"种草"呢？将答案写在下面的横线上。

_____

阅读有益

新媒体电商运营流程

随着新媒体短视频和直播的异军突起，电商和新媒体的结合成为历史的选择。新媒体电商运营流程如图1-3-7所示。第一个环节是引流，就是通过新媒体营销的短视频、直播等提供优质的内容，输出价值；后面的环节以传统电商平台为主实现电商变现。

图 1-3-7　新媒体电商运营流程

YUEDUYOUYI

［任务四］

开通直播平台权限

◆ **任务描述**

李琳同学初步认识了新媒体，也了解了电商平台，那如何开通新媒体电商平台账号呢？经理说："我们可以选择的电商平台有许多，但需要综合考虑产品的消费群体和推广途径从而确定平台，如果产品比较有知名度，就可以选择传统电商平台，如淘宝、天猫、唯品会等。"

◆ **任务实施**

活动一 开通抖音直播权限

抖音是一款音乐创意类短视频社交软件，通过短视频业务获取巨大流量，目前抖音直播打开的方式有三种，一种是根据平台的算法机制根据用户喜好推荐相应的主题内容。二是用户关注账号后，在关注页面可以看到该账号的直播信息。三是直接搜索"直播"，会出现抖音直播专属版块。

一、开通抖音账号

（1）打开手机应用市场App，在搜索栏中输入"抖音"关键词，点击"下载"按钮，如图1-4-1所示。

（2）下载进度条为100%后，点击手机中的"安装"按钮，如图1-4-2所示。

（3）安装完成后，打开抖音App，用手机号登录即可进入抖音主界面。

图 1-4-1 下载抖音 App　　　图 1-4-2 安装抖音 App

二、开通抖音直播

（1）打开抖音App，点击主界面中间的"+"号，如图1-4-3所示。

图1-4-3　主界面　　　　图1-4-4　开通直播

（2）在打开的页面中选择"开直播"，如图1-4-4所示。选择"同意协议"后即可开启直播之旅，当然开播前一定要进行商品关联，做好直播准备。

 做一做

最近视频号带货特别火，请你将开通视频号的步骤写在下面的横线上。

_____

三、申请抖音商品橱窗

1.开通条件

开通抖音橱窗要先满足两个条件：个人主页视频数（公开且审核通过）≥10条，账号粉丝量（绑定第三方粉丝量不计数）≥1 000个。

2.申请开通

（1）打开抖音App，点击右下角的"我"，如图1-4-5所示。

（2）打开个人主页，点击右上角的三条线图标，选择"设置"，如图1-4-6所示。

（3）点击"商品分享功能"，如图1-4-7所示。

（4）点击"立即申请"，按要求填写入住申请，提交资料，等待审核，如图1-4-8所示。

图 1-4-5　列表窗口　　　　图 1-4-6　设置界面

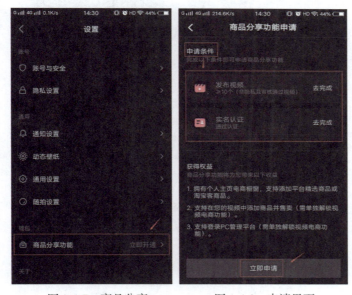

图 1-4-7　商品分享　　　　图 1-4-8　申请界面

注意：抖音商品橱窗功能申请通过后，10天内要添加至少10件商品到商品橱窗，完成新手任务，否则开通的权限会被收回；如果10天内没有完成新手任务被收回权限后，7天后才能再次申请，仍需完成新手任务。

 做一做

尝试开通抖音直播权限，并将你遇到的问题记录在下面的横线上。

活动二　开通淘宝直播权限

淘宝直播在2021年升级后改为点淘。

一、开通点淘直播

（1）打开手机应用市场App，搜索"点淘"，点击下载，如图1-4-9所示。

（2）下载的进度条为100%后，点击"安装"，根据指引提示完成即可。

（3）安装完毕后，打开手机桌面的"点淘"App，选择"同意并继续"，如图1-4-10所示，最后关联淘宝账号就可以进入直播页面。

图1-4-9　点淘下载页面　　　　图1-4-10　关联商品页面

二、开播直播

（1）打开点淘App中的"我的"界面，点击右上角的三条线图标后选择列表中的"创作者中心"，如图1-4-11所示。

（2）进入创作者中心，点击右上角的"发布"按钮，添加店铺关联商品。

（3）点击发布页面中的"添加商品"或者"上传"按钮，即可选择要直播带货的商品，如图1-4-12所示。

图1-4-11　发布商品页面　　　　图1-4-12　选择商品页面

做一做

现在请尝试在微信平台开通直播，并将操作过程中遇到的问题记录在下面的横线上。

阅读有益

其他直播平台

　　水滴直播：奇虎360公司旗下的视频直播生活秀平台，内容覆盖娱乐、生活、游戏、综艺、体育等多个领域，观众除了可以收看直播视频，还可以将视频分享到各大社交平台和好友互动。

　　酷狗直播：酷狗公司倾力打造的音乐现场直播平台。其秉承"和音乐在一起"的品牌理念，集结一线巨星，解放空间束缚，以弹幕、投票、打赏、献花等互动形式，打造高互动、强社交的酷玩空间。

YUEDUYOUYI

【1+X 实战演练】

第一部分　理论测试题

一、选择题（不限于单选）

1. 以下属于传统电商直播平台的是（　　）。

A.淘宝　　　　　　　　B.微博　　　　　　　　C.腾讯　　　　　　　　D.快手

2. 账户简介的作用有（　　）。

A.辅助用户更好地了解自己账户的内容

B.可用于自我介绍，展示鲜活人设

C.可以公告近期的相关活动内容

D.可以直接留下自己的联系方式，经营私域流量

3. 在开通账号时，主页背景图的样式一般有（　　）。

A.IP出镜　　　　　　　B.二次介绍　　　　　　C.引导关注　　　　　　D.创意组合

4. 以下关于账号头像设置方式的描述正确的有（　　）。

A.真人头像可以拉近其与用户的心理距离

B.使用账号名称做头像可以强化账号的IP

C.卡通形象可以突显账户的风格

D.动画角色可以强化角色形象，打造动画人物IP

5. 以下关于抖音平台优势的描述正确的有（　　）。

A.供应链、物流成熟

B.用户规模大，获客成本低

C.用户群相对年轻，消费能力强，接受新事物能力强

D.算法推荐流量高

6.以下属于常见内容分发渠道的有（　　）。

A.论坛 　　　　　　　　　　　　　　　B.短视频平台

C.社交平台 　　　　　　　　　　　　　D.内容社区

7.目前支持带货的短视频类平台有（　　）。

A.微博 　　　　　　B.抖音 　　　　　　C.快手 　　　　　　D.淘宝

8.主播的主页信息应包含的内容有（　　）。

A.账号名称 　　　　B.头像 　　　　　　C.账户简介 　　　　D.背景

9.常见的短视频风格有（　　）。

A.剧情类 　　　　　　　　　　　　　　B.Vlog类

C.教程类 　　　　　　　　　　　　　　D.测评种草类

10.下列有关短视频特点的描述中，正确的有（　　）。

A.内容精简 　　　　　　　　　　　　　B.传播速度快

C.精准营销 　　　　　　　　　　　　　D.制作复杂

11.小红书运营的主要领域不包括（　　）。

A.穿搭 　　　　　　B.母婴 　　　　　　C.知识 　　　　　　D.问答

12.以下属于短视频类直播平台的是（　　）。

A.京东 　　　　　　B.抖音 　　　　　　C.淘宝 　　　　　　D.微博

13.以下不属于账户名称起名技巧的是（　　）。

A.简单、朗朗上口 　　B.关联性 　　　　C.复杂 　　　　　　D.正面性

二、判断题

1.百度贴吧是一个以兴趣聚合共同爱好的领地。（　　）

2.在直播和短视频时代，内容为王早已过时。（　　）

3.制造记忆的关键是内容要让用户一眼记住，用最简洁的语言传递最核心的内容。（　　）

4.开启直播定位，有助于提升同城用户直播间曝光量。（　　）

5.只有淘宝商家才能在淘宝平台进行直播。（　　）

6.选择一个用户匹配度更高的平台，有利于直播带货活动的开展。（　　）

三、简答题

目前常见的短视频平台有抖音、快手和视频号等，如果你准备要在Bilibili上发布视频，请说说相较于以上几个平台，Bilibili最大的特点是什么，以及在Bilibili上发布视频的理由。（不少于50字）

第二部分　操作题

1.牙刷置物架可以轻松收纳牙膏、牙刷等物品，并安装在卫生间的任意角落，是一个非常方便实用的家居用品，如下图所示。请你帮忙选择一个合适的电商平台销售牙刷置物架，并给出选择此平台的理由，将答案写在下面的横线上。

_____

牙刷置物架

2.以下是网络中的几大热词，请你从中挑选4个用在牙刷置物架商品宣传短视频中，并说说这个词具体的适用场景。

网络热词	意思
针不戳	"真不错"的可爱谐音
集美	好姐妹的意思
绝绝子	指好极了，也可以反向表示差极了
yyds	即"永远的神"
干饭人	吃饭非常积极的人

第一热词：＿＿＿＿＿＿＿＿＿＿＿＿＿＿＿＿＿＿＿＿＿＿＿＿＿＿＿＿＿＿＿＿＿

第二热词：＿＿＿＿＿＿＿＿＿＿＿＿＿＿＿＿＿＿＿＿＿＿＿＿＿＿＿＿＿＿＿＿＿

第三热词：＿＿＿＿＿＿＿＿＿＿＿＿＿＿＿＿＿＿＿＿＿＿＿＿＿＿＿＿＿＿＿＿＿

第四热词：＿＿＿＿＿＿＿＿＿＿＿＿＿＿＿＿＿＿＿＿＿＿＿＿＿＿＿＿＿＿＿＿＿

◆ 项目评价

评价要素	评价内容	配分/分	得分/分
遵守纪律	不迟到早退	10	
学习态度	学习态度端正	10	
基础礼仪	仪表仪容干净	10	
	礼貌用语，微笑服务	10	
岗位技能	能阐述各大电商运营平台的特点	15	
	能阐述新媒体电商和传统电商的区别	15	
	能开通抖音直播平台	15	
	能开通点淘直播平台	15	
整体评价	90分以上为"优秀"等级； 76~90分为"良好"等级； 60~75分为"合格"等级； 60分以下为 "不合格"等级		

项目二
打造直播环境

【项目概述】

电商直播行业发展迅捷，一个个直播间"拔地"而起，越来越多的人参与到这个有着巨大商业潜力的行业。通过经理的讲解，李琳同学很想尝试直播，经理说："直播前，要准备好样品、手牌等物料和主播的服饰、头饰以及灯光设备等，这些直播环境的准备需要团队共同完成，只有齐心协力才能确保直播活动顺畅进行。"

【项目目标】

知识目标

+ 了解直播团队人员的基本职能；

+ 了解主播的基本素养；

+ 熟悉不同的直播设备。

技能目标

+ 能练习讲解技巧，做一名有粉丝的主播；

+ 能合理搭建直播环境，为直播引粉助力；

+ 能创建社群引流粉丝。

思政目标

+ 遵守直播行业的规范，禁止虚假宣传。

【项目导学】

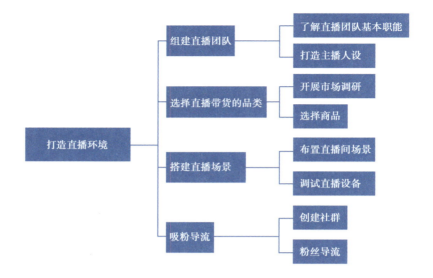

［任务一］

组建直播团队

◆ 任务描述

　　随着直播行业的不断发展，一个高效的直播团队能够为企业带来更多的流量和更高的收益，因此，打造一个高效的直播团队是非常必要的。经理告诉李琳："一场直播不仅依靠出镜的主播，还需要助理、运营师、灯光师等工作人员的协助，所以直播团队的组建和人员的培养是保证直播效果的基础。"

◆ 任务实施

活动一　了解直播团队基本职能

　　一场高质量的直播，到底需要多少工作人员呢？直播任务的划分可以根据直播计划来确定，按需分配保证每个环节都有人管理即可。

　　1.直播小团队分工

　　如果是刚开播的新手商家，没有粉丝基础，流量也不大，组建团队时可以考虑3个人：主播、场控和运营。当然也可以根据不同的任务分工，分为直播组、运营组和场控组，如图2-1-1所示。

```
┌─────────────┐  ┌─────────────┐  ┌─────────────┐
│ 01          │  │ 02          │  │ 03          │
│ 直播组       │  │ 运营组       │  │ 场控组       │
│             │  │             │  │             │
│    主播      │  │   直播运营   │  │    场控      │
│    副播      │  │   视频运营   │  │    客服      │
│    助播      │  │   数据运营   │  │    氛围      │
└─────────────┘  └─────────────┘  └─────────────┘
```

图 2-1-1　任务分组

2.直播大团队分工

如果账号有一定粉丝基础或者代理知名品牌,直播间的流量可观,主播的能力强,那么直播间至少需要6个人:主播、助播、运营、投手、场控和客服,团队成员的职能见表2-1-1。

表2-1-1　直播运营团队职能表

岗位	职能
运营	负责确定直播主题、团队协调、数据复盘。 ①确定直播主题。根据直播主题去匹配货品和利益点,规划开播的时间段和流量的来源、直播的玩法等。 ②团队协调。一方面是外部协调,包含安排封面图的拍摄、奖品发放、协调仓储部门等;另一方面是内部协调,包含协调直播人员的直播时间,应对直播期间出现的突发情况等。 ③数据复盘。在直播完成后,根据部门人员的配合情况,再加上用户数据的反馈,与前期制订的方案和目标进行详细的数据复盘,总结经验
主播	负责直播、互动、导购、策划工作。 ①开播前。了解整场直播的安排,熟悉产品特性、脚本、优惠信息等。 ②直播中。注意活跃直播间气氛,做好粉丝的答疑和与粉丝之间的互动,引导新粉的关注、用户下单购买,需要时刻注意自己在镜头前的表现。 ③下播后。在主播个人的微信群、微信号、抖音号等新媒体平台上持续运营、曝光
助播	配合主播展示产品,与主播、粉丝互动。 ①开播前需要确认货品及道具是否准备就位。 ②开播过程中要配合场控去协助主播的工作,当观众比较多时,可以帮忙互动答疑、发送链接、展示和整理货品等
投手	负责产品信息整理、招商、佣金管理、对接店铺
场控	在直播现场协助主播按照直播方案有序开展直播活动。 ①开播前进行相关软硬件调试。 ②开播过程中负责中控台的所有操作,包括直播推送、发布公告、上架产品等。 ③实时监测在线人数峰值、商品点击率等数据,出现异常情况时要反馈给直播运营。 ④负责将运营需要传达的信息传给主播和助理
客服	负责售中、售后服务,解答客户的问题,帮助主播促进成交

注:以上工作岗位是直播间的常规岗位设置,企业也可以根据实际情况自行调整。

做一做

图2-1-2所示是家纺旗舰店所经营的国潮抱枕，元旦节即将到来，请你为店铺策划一场关于国潮抱枕的专场直播，你觉得应该设立哪些岗位？各自承担的工作任务是什么？请完成表2-1-2的内容。

图 2-1-2　抱枕商品图

表 2-1-2　直播运营团队任务细分

岗位	职责

活动二　打造主播人设

网络主播在传播科学文化知识、丰富人们精神文化生活、促进经济社会发展等方面肩负重要职责。想成为一名合格的网络主播需要长期的训练和包装，具体的要求包括说话让听众感觉舒适，有亲和力，表情管理到位等。

一、提升主播自身素质的方法

主播需要吐字清晰可辨，让观众感觉到有亲和力，对主播说话的语调、语速、语气都有明确的要求，具体内容见表2-1-3。

表2-1-3　语调、语速、语气的要求

内容	要求
语调	说话语调要有高低升降，适当地加入笑声、重音、轻读等多种形式
语速	语速是由说话人的感情决定的。兴奋、高兴时可以加快语速，如发红包时；讲解商品功能、试用商品时语速要慢一些，让用户充分理解商品的特点
语气	语气是主播的立场、态度、个性、情感、心境等起伏变化的语音形式，主播应该带入真实的感情，发自内心地认可产品，顺其自然地表露出应有的语气

一名出色的电商主播每天至少训练8小时以上，只有日复一日的训练才能自信地面对镜头，在镜头前流畅并真情并茂地表达自己，训练方法见表2-1-4。

表2-1-4 主播日常训练方法

项目	具体内容
坚持朗读	每天坚持朗读一些书或文章，既练习口齿清晰伶俐，又储备大量的知识
镜子训练	对着镜子朗读，时刻观察自己的眼神、表情，还有肢体动作等
自我录像	录下直播全过程，反复研究，分析自己的语言、手势、表情有哪些地方做得不好，从而进行改进
躺下朗读	想练就一流的运气技巧，一流的共鸣技巧，就躺下来大声朗读。躺下朗读其实是腹式呼吸，这是练声练气的有效方法

 做一做

扫描二维码，观看主播示范的视频，你觉得主播的语调、语速和语气有哪些特点？请将你的观点写在下面的横线上。

_____

_____

主播示范

一名出色的主播，除了具备语言表达能力外，还需要其他一些基本素养，见表2-1-5。

表2-1-5 主播基本素养

素养	具体内容
心态好	直播中要保持平和的心态，做好情绪管理
亲和力强	直播的第一印像很重要，需要表现出足够的亲和力，保持与粉丝的互动交流
学习能力强	作为某垂直品类或者某领域的主播，一定要把相关领域的知识学透彻，同时也要学习其他优秀主播的优点
装扮得体	着装要合适得体，妆容要整洁大方，针对不同用户可以适当调整着装。图2-1-3所示为电商主播走进种植基地为农民代销水果，主播的服饰、发型、妆容都与农产品相称

图 2-1-3 主播户外带货场景

二、主播人设包装

人设包装其实就是主播标签化,建立标签和主播之间的强关联。在包装的过程中需要寻找一些具有传播度、易于记忆的标签去匹配主播,主播标签化的流程分为4个步骤:主体分析、人设呈现、信息传达、引导共鸣,如图2-1-4所示。

图 2-1-4 主播标签化流程

1.主体分析

从主播的外貌、性格、行为、习惯话术等维度去分析主播具有的特点,李琳实习的电商公司最近有3位主播来试镜,分别是A、B、C三人。经过一天的试镜,运营人员总结出3位主播的特点,见表2-1-6。

表2-1-6 3位主播的特点

主播	外貌	性格	行为	习惯话术
A	颜值型	高冷严肃	金句频出	On My God!
B	亲民型	风趣幽默	表情丰富	我的天哪!
C	生活型	热情真诚	手势多样	买它!买它!买它!

2.人设呈现

根据商品目标群体的需求和主播的特征,包装出具有凝聚力的主播人设和口号,人设呈现的思路如图2-1-5所示。首先明确"我是谁""我面对的群体是谁""我能提供什么产品""这样的产品帮助消费者解决什么问题""为消费者带来的益处是什么"等问题的答案;然后主播通过自身优势,如外貌、话术等吸引相应的粉丝进入直播间。

图 2-1-5 人设呈现

3.信息传达

在宣传过程中要高频率地曝光主播的人设,并用口号、文案、图片对用户进行强化。经过长时间的强化,使得用户产生应激反应。

4.引发共鸣

"口号的巨人,行动的矮子"是不可取的。让用户发自内心地认同主播的理念,必须依靠高质量的商品。通过激励诱导等办法引导用户购买或者真实评价,从而带动直播间粉丝认可主播,从而认可主播所带来的产品。

做一做

主播人设呈现就是为了给观众留下一个记忆点，每个主播都有自己的人设，都有自己鲜明的特色。观察图2-1-6所示的国潮抱枕图片，现在请你设计一名主播的人设，你觉得应该如何规划呢？将内容写在表2-1-7中。

图 2-1-6　国潮抱枕商品图展示

表2-1-7　主播人设呈现

问题	呈现内容
我是谁	
面对谁	
我提供的产品是什么	
解决消费者的什么问题	
给消费者带来什么好处	

阅读有益

网络主播行为规范

由于进入门槛较低，直播行业发展存在一系列需要解决的问题。2022年6月22日，国家广播电视总局、文化和旅游部联合发布了《网络主播行为规范》（以下简称《规范》），以此更好地促进行业健康有序发展。

《规范》规定了网络主播应当坚持的正向行为规范和要求。

除了每个公民都应遵守宪法和法律法规规范，积极践行社会主义核心价值观外，《规范》规定主播必须实名注册并规范使用账号名称，坚持健康的格调品味，保持良好声屏形象，引导用户文明互动、理性表达、合理消费等。

例如，不得歪曲民族历史或者民族历史人物；不得恶搞、歪曲、丑化、亵渎、否定英雄烈士和模范人物的事迹；不得对社会热点和敏感问题进行炒作或者蓄意制造舆论"热点"；不得组织煽动粉丝互撕谩骂、拉踩引战、造谣攻击，实施网络暴力等，为网络主播从业行为划定了底线和红线。

针对公众反映强烈的虚假宣传、销售假冒伪劣商品、数据造假等损害消费者权益的问题，《规范》对网络主播直播带货行为作出了明确规定。

例如，不得虚构或者窜改交易、关注度、浏览量、点赞量等数据；不得夸张宣传误导消费者；不得通过"弹幕"、直播间名称、公告、语音等传播虚假、骚扰广告。

做一做

某化妆品公司主要经营日用化妆品，男女款产品均有。你作为公司的员工，被选聘为主播，负责组建相关团队并开展直播带货，图2-1-7和图2-1-8所示为商品的部分资料，请认真阅读并完成以下任务。

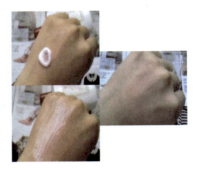

图 2-1-7　商品展示图　　　　　图 2-1-8　使用效果

1.目前，你作为直播团队中的主播和队长，负责组建一支3人的直播团队。你认为在这个团队中剩下两人需要安排的角色是什么？理由是什么？（不少于50字）

_____

2.请说出一个适合做护肤产品直播销售的平台，并说明理由。（不少于100字）

_____
_____

[任务二]　　　　　　　　　　　　　　　　　　　　　　　NO.2

选择直播带货的品类

◆ **任务描述**

直播带货不仅要重视包装主播的个人形象IP，还需要重视选品。经理说："做电商，三分靠运营，七分靠选品，因为选品是运营的基础，无论你是有货的商家，还是需要找货的达人，进入电商带货第一步，就是选对产品。"如何根据新媒体电商平台的特性选品组货，才能让产品自带流量，自带转化呢？

◆ **任务实施**

当开始打算入局直播带货这个赛道时，首先需要确定品类，如何才能选对品类，提高成功率呢？那就需要做市场调查，收集足够多的信息和数据，然后通过分析这些信息和数据，结合自身的资源、优势、人力等条件，最终确定适合自己的品类。

调查就是为了跳出自己狭隘的认知锚点，得到更多、更客观的基础数据和优质选项。通常首先需要明确在抖音、淘宝、快手等电商平台上，有哪些品类是受消费者青睐的？具体的销量数据怎么样？带货的达人数量有多少……

现在以抖音平台货找人为例进行市场调查。借助蝉妈妈这个数据分析工具，调查"母婴用品"品类的市场需求。

一、筛选数据

打开蝉妈妈网站，选择"商品"，再选择"直播商品榜"→"带货分类"，具体如图2-2-1所示。

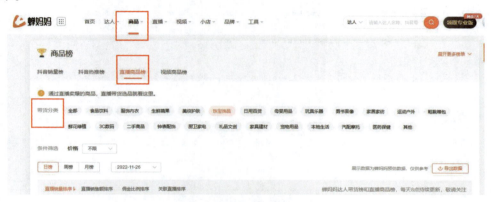

图 2-2-1 选择"带货分类"的数据

二、选择品类

选择"母婴用品"，可以分别按日榜、周榜和月榜显示具体的商品信息，还可以按"直播销量排序"等进行排序，如图2-2-2所示。

图 2-2-2 查看"母婴用品"的数据

三、记录数据

通过电子表格记录下筛选后的数据，以便进行数据分析，一般只记录前3页的信息就可以了，如图2-2-3所示。真正的选品是要分析各项数据，然后综合分析自己的优势，最后再做出决策。

表2-2-3　查看并记录数据

 做一做

市面上已经有很多电商直播带货的数据分析工具，除了蝉妈妈外，你还知道哪些？一起来分享一下吧。

活动二　选择商品

选品是电商直播运营的重要环节，一个好的商品可以对后期的运营起到事半功倍的效果。可以在小红书、抖音、快手等渠道，通过蝉妈妈、飞瓜数据等第三方软件，选出当下的热门爆款；也可以选择大店近期上新且流量有明显上升、转化高的产品；还可以通过行业风格、热门属性关键词去搜索查询，找出近期热门新款等。选品方式多样，但要选择一个好产品，还是很有技巧的。

一、选品要考虑的因素

1.考虑商品本身的情况

直播带货选择的商品首先要考虑商品本身的情况，这是最关键的问题，具体考虑的内容见表2-2-1。

表2-2-1　考虑商品本身的情况

项目	解释说明
外观	颜值高、尺寸合理，有利于直播间展示
质量	一定要选择优质的商品，如果商品质量不过关，用户给了差评会直接影响口碑和店铺DSR（卖家服务评级系统）的得分，从而直接影响流量
功能特性	产品受众广，功能简单易懂，新、奇、特的产品少选
生命周期	新品优先考虑，处于生命周期的初始位置，带爆的概率更大
价格优惠	定价合理，并且售价优惠
产品评价	好评率至少在85%以上

2.商家实力

商家具有一定的规模,是各行业源头厂家、品牌持有商和品牌代理商中的佼佼者,并且能为买家提供保障服务,具体可以参考表2-2-2。

表2-2-2　考虑商家实力

项目	解释说明
发货速度	至少拍下后3天内发出,有现货优先考虑,以防商家不发货,影响信誉和流量
售后处理	7天无理由退换货加上运费险
DSR评分	店铺DSR评分较低的商家,慎重合作,因为会影响带货口碑分

3.市场需求

应季商品应该优先考虑,如做百货品类,秋冬季节到了,保温壶、热水袋等商品可优先考虑。因为一些特殊情况,刚刚成为热门的商品,也可以优先考虑。

 做一做

有米有数是一个新媒体电商营销大数据分析平台,界面如图2-2-4所示。

图 2-2-4　有米有数选品界面

请你利用"有米有数"查找当前市场上最火爆的直播产品有哪些,将收集的答案写在下面的横线上。

___

二、选品渠道

1.平台选品

以抖音平台选品为例,打开抖音平台,找到菜单"创作者中心",选择"电商带货"中的"橱窗管理",然后直接选择下面的"去选品广场",如图2-2-5所示。

2.粉丝高频提问的商品

在直播过程中,可以重点关注公屏区粉丝高频提问的商品,可以将其纳入选品清单中。

图 2-2-5　选品操作

 做一做

图2-2-6和图2-2-7为百货品类账号的直播间，从中可以看到粉丝高频提问的商品是什么，将答案写在下面的横线上。

图 2-2-6　高频提问 1　　　　　　图 2-2-7　高频提问 2

高频词：＿＿＿＿＿＿＿＿　　　　高频词：＿＿＿＿＿＿＿＿

3.视频信息流刷到的爆品

一个新账号通过养号动作，后续账号的信息流刷到的都是同行。如果你做的是"零食"品类，那刷到的相关信息都会是同类产品，所以很容易刷到一些爆品，可以纳入选品清单中。

 做一做

图2-2-8是国产运动品牌的一款产品图片。

图 2-2-8　运动品牌图片

如果你是主播，你认为这款跑步鞋的忠实用户是哪一类人群？请将此类人群受众的特点写在下面的横线上。

_____

_____

阅读有益

数据分析工具

查看直播数据，可以用飞瓜数据、卡思数据、抖查查等平台。

飞瓜数据是一个专业的短视频数据分析平台。它的功能很齐全，可以做单个抖音号的数据管理，查看日常的运营情况，也可以对单个视频做数据追踪，了解数据信息的传播情况。

卡思数据是视频全网大数据开放平台，监测的平台不仅是抖音，还包括快手、Bilibili、美拍、秒拍、西瓜视频、火山小视频。其能够整合多个平台的数据和资源，提供多维度的数据分析，如达人粉丝数、关联店铺数、推广商品数、商品销售额等。

抖查查是一款专门为抖音用户打造的数据分析平台，如果想提高自己在抖音的流量和排名，可以找它帮忙。它不仅有短视频的素材资源，能洞察人群的喜好，还能按照时刻表监控数据，了解商品的人气指数。

YUEDUYOUYI

[任务三]   NO.3

搭建直播场景

◆ 任务描述

恰如其分的直播场景能够加长用户的停留时间，刺激用户产生消费的欲望，更有效地提高用户转化率。李琳问："经理，直播过程中对直播场景有什么要求吗，直播前需要准备哪些设备呢？"经理说："直播间的场景布置直接影响直播画面的整体呈现效果，影响用户的观看体验。直播带货中的'人货场'缺一不可。直播设备是完成一场高质量直播的前提保障。如何才能搭建更好的或者更适合自己的直播间？我们一起去了解一下吧。"

◆ 任务实施

活动一　布置直播间场景

"工欲善其事，必先利其器。"这句话在直播领域也非常适用。想要提升用户的直播观看体验，从被动接受变为享受，就必须在直播间的布置上多花心思。

一、直播场地的选择

直播场地的选择取决于直播主题，不同的直播主题需要的空间和布置都有所差别，有的主题需要大空间，要求布局大气；而部分直播主题仅需要一个较小的场地，场地太空旷反而会稀释现场感。

一般情况，直播间的空间大小可以选择8~40 m²。根据不同的人员数量和商品类别，直播间的空间大小有所差别，见表2-3-1和表2-3-2。

表2-3-1 按人员数量选择直播间的空间大小

人员数量	空间大小	注意事项
个人	8~15 m²	注意隔音效果
团队	20~40 m²	注意回音、混响等问题

表2-3-2 按商品类别选择直播间的空间大小

商品类别	空间大小	注意事项
美食、美妆、小型生活用品类	8 m²	产品的体积小，需要展示细节
服装、穿搭、家用电器等大型生活用品类	15 m²以上	产品离镜头需有一定的距离，需要较大空间

在选择和布置直播间时，不仅需要考虑场地的隔音和吸音效果，避免杂音干扰或是产生回音；还需考虑场地的光源效果，提高直播间商品的亮度，减少偏色，提升视觉冲击力。

如果是室外直播，还要考虑室外的天气情况，做好应对措施。另外，室外场地不宜过大，不然会影响观众的注意力。

二、直播背景的布置

背景是直播间的重要部分，是为观众营造第一印象的重要因素，好的直播背景可以彰显主题，衬托主播气质，营造直播氛围。

直播间的背景要简洁明了，不抢主播的风头。直播间最好选择浅色、纯色的背景，如灰色、米色、棕色等，以简洁、大方、明亮为基础打造，不要太过花哨。如图2-3-1所示的抖音直播间以灰色系为主，灰色比较简约，同时灰色是一个中立色，它可以和任何色彩搭配。此外，灰色是最适合摄像头的背景颜色，不会过度曝光，视觉舒适，有利于突出产品的颜色。

另外，还可以使用虚拟背景，如城市、街道或是有特点的场景，以此来增加直播间的空间感和高级感，如图2-3-2所示。

如果觉得背景太过单调，商家还可以在背景墙上添加店铺或是主播的名字或者品牌标志（Logo），让直播间更具有辨识度。

三、直播间灯光布置

直播间的灯光布置也非常重要，因为灯光不仅可以营造气氛，塑造直播的画面风格，还能起到为主播美颜的作用。直播间常见的灯光配置包括主光、辅助光、顶光、轮廓光、背景光、商品灯光。

1.主光

放置在主播的正面，与摄像头上的镜头光轴成0~15°夹角，这个方向照射的光充足均匀，可以使主播的脸部柔和，起到磨皮美白的效果。灯光不能太暗，一般在100 W左右，这样更有

图2-3-1 灰色背景直播间

图2-3-2 虚拟背景直播间

利于空间的光感。

2.辅助光

放置在主播的左、右侧从多个角度照射。在左前方45°照射的辅助光可以使面部轮廓产生阴影,打造立体质感。从右后方45°照射的辅助光可以使后面一侧的轮廓被打亮,与前侧光产生强烈反差,有利于打造主播的整体造型。要注意辅助光的亮度不能强于主光,不能干扰主光正常的光线效果。

3.顶光

放置在直播间顶部,从主播上方照下来,产生浓重的投影感,起到瘦脸的作用。顶光的优点很多,但也有缺陷,如顶灯位置不能离主播位置超过两米,否则容易在眼睛和鼻子下方形成阴影。

4.轮廓光

放置在主播身后,从背后照射,不仅可以使主播的轮廓分明,还可以将主播从直播间背景中分离出来,突出主体。作为轮廓光,一定要注意光线亮度,如果光线过亮会直接造成主播身后呈现"佛光普照"的效果,使整个画面主体部分过黑,主播轮廓不清晰。

5.背景光

又称环境光,主要作为背景照明,能使直播间各点的照度都尽可能统一,达到让室内光线均匀的效果。注意背景光要尽量简单一些,应采取低光亮多光源的方法进行布置。

6.商品灯光

主播在讲解商品时,需要提供商品的特写,向用户展示商品细节,因此可以在摄像头旁增加环形灯或柔光球灯作为商品灯光,让商品有光泽,更具吸引力。

每种灯光设备都各有优缺点,所以需要配合使用,互相弥补,才会呈现出完美的效果,如图2-3-3所示。

图 2-3-3 直播间灯光布置

 做一做

在直播过程中，直播间环境起什么作用呢？请将你的观点写在下面的横线上。

_____

活动二 调试直播设备

直播设备是打造高质量直播的保障。直播前需要挑选合适的直播设备，并将直播设备调试到最佳状态。根据直播场地的不同，可以分为室内直播和室外直播，不同场地所选的直播设备也有所差异。

一、认识室内直播设备

1.摄像头

直播摄像头是直播间画面采集的基础设备，摄像头的清晰度会直接影响直播画面的质量，如图2-3-4所示。除了可以选用专业的视频摄像头，也可以使用手机摄像头。

2.话筒

除了视频画面，直播时的音质也会影响直播质量，所以话筒的选择也很重要。对于一般的游戏主播和带货主播来说，一般的话筒便适用了，但是对于直播唱歌的主播来说，普通的话筒并不适合，会产生延迟，而且拾音范围低，灵敏度和音质都达不到要求。因此，想录制高质量的声音，最好配一个外置大振膜电容话筒，如图2-3-5所示。拾音范围比较广，音色细腻，录下的声音很丰富。

图 2-3-4 摄像头　　　　　　图 2-3-5 电容话筒

3.声卡

声卡是直播时使用的专业的收音和声音增强设备。好的声卡可以避免声音中的杂音、延迟、失真等问题。娱乐类的声卡还有混响、电话音、降噪、变声、特效声音等功能，能丰富直播间的音效效果，让直播间更加场景化。支持双设备连接的声卡，能满足两个人同时直播，或者多平台直播的要求。

4.灯光设备

补光灯是用于调节直播间环境中的光线效果的设备。补光灯的功效就是画面镜头补光以及镜头美颜。通过补光灯，能够让美食变得更加诱人，让人物脸部更加立体，常用的补光灯如图2-3-6所示。使用补光灯前后的效果对比如图2-3-7所示。

（a）环形补光灯　　　　　　　　（b）球形补光灯

图 2-3-6　补光灯

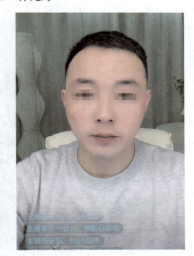

图 2-3-7　用补光灯前后效果对比

5.支架

支架用于固定摄像头、手机或者话筒。它既能解放主播双手，让主播可以做一些动作，又能增加摄像头、手机、话筒等设备的稳定性。支架的形式多样，有多个机位（手机+声卡+麦克风+补光灯）一体的，也有分开单个独立的，有落地式的、台式的等，根据自己的需求选择即可，重点考虑直播支架的可伸缩性、扩展性、稳定性、占地面积，如图2-3-8所示。

（a）摄像机支架　　　　　（b）手机支架　　　　　（c）话筒支架

图 2-3-8　支架

6.网络设备

室内直播时，优先考虑使用有线网络设备的信号，相比无线网络来说，有线网络设备的稳定性和抗干扰性更好。

二、认识室外直播设备

室外直播面对的环境更加复杂多变，设备的选择显得尤为重要。

1.手机

手机是当下最方便、最快捷的直播带货设备，也是当前主流的一种直播方式。由于手机型号不一样，配置不一样，效果也就不一样。手机直播最需要的功能是内存充足、摄像头像素高、性能稳定，可以选择中高端配置的手机。

2.收音设备

室外直播时，环境比较嘈杂，如图2-3-9所示，需要外接收音设备来辅助收音。例如，蓝牙耳机，它的优势在于携带方便，连接手机方便。另外，环境音嘈杂的情况下，如果没有进行降噪，录制的声音效果较差，不能满足需求，所以降噪效果好的蓝牙耳机是个不错的选择。

图 2-3-9　室外直播场景

3.手持稳定器

在室外直播，通常需要主播到处走动，而走动时镜头就容易抖动，必然会影响直播效果和用户观看体验，这时就需要配置手持稳定器来保证拍摄效果。

4.上网流量卡

网络是室外直播的前提，如果网络状况较差，直播画面就会出现延迟、卡顿，甚至黑屏的情况，严重影响直播效果，因此，可以事先配置流量充足、信号稳定、速度快的流量卡。

5.自拍杆

使用自拍杆能让画面更加完整、更具有空间感。有些自拍杆还带美颜补光效果和多角度自由翻转功能，给室外直播带来更多的可能性。

6.移动电源

室外直播的主流设备是手机，因此对手机的续航能力也提出了更高的要求，移动电源成为辅助室外直播的必要设备。

三、调试直播设备

直播设备调试的主要内容包括镜头调试，网络测试，直播软件测试，灯光、麦克风、声卡、线路连接与归置等，如图2-3-10所示。

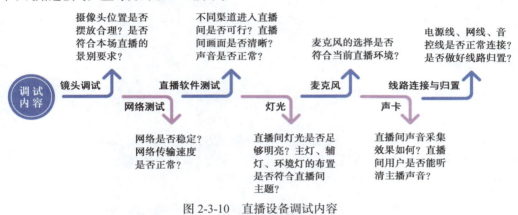

图 2-3-10 直播设备调试内容

🔍 做一做

图2-3-11为家纺旗舰店中国潮抱枕的直播间，你觉得可以做哪些优化呢？

图 2-3-11 直播场景

[任务四]

吸粉导流

◆ 任务描述

通过经理的介绍，李琳同学了解了直播场景的搭建，对直播的环境和硬件设备有了初步的认识，她又有新的疑问："那如何才能吸引更多的粉丝进入直播间呢？"经理解释："直播的背后，离不开社群运营文化的发展，因为社群聚合粉丝，更方便进行流量的引入。"

◆ 任务实施

活动一　创建社群

一、社群的定义

简单来说，社群是由具备共同爱好或需求的人组成的群体。社群的承载空间可以是微信群、QQ 群、圈子，也可以是微博等。但要注意的是：普通群≠社群，社群必须要具备三要素，如图2-4-1所示。

| 明确共同目标 | 相同属性标签 | 明确运营制度 |

图 2-4-1　社群三要素

二、社群的创建

1.确立社群搭建的目标

社群搭建之前首先要明确目的，即建群动机。只有这样，才能为后续的成员吸纳、规则制定、价值提供奠定基础。一般来讲，建群的目的有以下几种：

（1）销售商品。社群成立的目的就是能够更好地销售自己的商品。如通过社群分享穿搭经验，然后就可以推销电商平台对应的商品。只要维护好社群成员的口碑，就可以源源不断获得老用户的重复订单，如图2-4-2所示。

（2）拓展人脉。无论是基于兴趣还是为了交友，社交的本质都是为了构建自己的人脉圈，这是职场人士都会努力维护的关系，如行业社群、同城交友社群，如图2-4-3所示。

（3）聚集同伴。这类社群主要是想吸引一批能共同学习、经验分享的成员，组成一个小圈子。比如一些考研社群、学英语社群、宝妈群、旅游群，如图2-4-4所示。

（4）打造品牌。出于打造品牌而建立的社群，目的在于和用户建立更紧密的关系，这种关系并非简单的交易关系，而是实现交易之外的情感链接，如图2-4-5所示。

（5）提供服务。基于为用户提供服务而建立的社群。比如建立社群提供咨询服务、售后服务等。

（6）打造影响力。社群具有快速裂变的特点，有的群主就借助这种效应更快地打造了自己的个人影响力。因为在网络交流中用户之间缺乏真实的接触，所以新入群成员往往会相信群主，群主通过分享内容、组织一些有新意的挑战活动，鼓励大家认同某种群体身份，最终借助社群成员的规模和影响力去获得商业回报。

图 2-4-2　商品销售类社群

图 2-4-3　拓展人脉类社群

图 2-4-4　聚集同伴类社群

图 2-4-5　打造品牌类社群

2.社群角色

与现实生活一样，社群里面也需要不同的角色，不同性质的社群都会有不同的角色，大致分为以下三大类。

（1）创建者。俗称群主，是社群发展方向的决策者，也兼有管理者角色。群主除了制订规则，维护社群秩序外，还需要了解社群中人们的特点、需求。群主还要经常发布一些主题内容，组织社群里的成员参与讨论，保证社群的活跃度和人气。

（2）专家。社群专家也就是问题解决者，对社群的发展非常重要。当有新进群成员发问时，专家需要帮助新成员解决问题，问题得到解决，新成员才能够安心留下来。

（3）活跃者。当社群中抛出一个话题时，大多数人是持观望态度的，这时就需要有人能带动气氛参与进来，这就是气氛活跃者。这个角色就像一个链条，带动大家一起参与。

3.社群平台

互联网上比较主流且适合社群运营的平台有抖音、微信、微博、QQ、知乎、豆瓣、其他直播平台等，不同的平台各具特色，选择社群平台时，应根据自己所创建的社群属性、目标群体、社群类型等进行选择。

4.创建社群

作为商家来说，如何创建自己的社群呢？以抖音平台社群创建为例。

（1）抖音菜单里点击"抖音创作者中心"，再点击"主播中心"，如图2-4-6所示。

图 2-4-6　选择"主播中心"

（2）在"主播中心"页面中，点击"更多功能"，选择"粉丝群"，进入"粉丝群管理"界面，如图2-4-7所示。

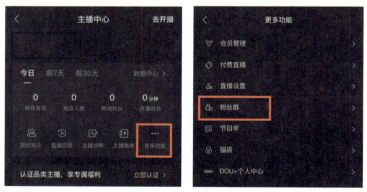

图 2-4-7　选择"粉丝群"

（3）点击"立即创建粉丝群"，成功创建抖音社群，如图2-4-8所示。

图 2-4-8 创建粉丝群

 做一做

请利用信息技术手段收集其他平台社群创建的方法，简要记录在下面的横线上。

_____

活动二 粉丝导流

直播的背后，是社群运营文化的发展。主播依靠个人魅力聚合粉丝，形成社交群体网络，这样才能让直播事业体系化，并实现最大的变现。例如，一些网红主播的团队运营的微信粉丝群就达到了数百个，这就是典型的社群运营模式。在社群内发布直播信息、与粉丝互动、精准投放产品。

社交媒体和电商平台是主播经营的主阵地，将这些平台积累的粉丝导流至社群，是主播为社群增加用户的主要方式，如图2-4-9所示。

图 2-4-9 平台流量导向

那么,该如何通过社群运营来实现粉丝导流呢?

1.在直播间公布自己的社群号

在直播过程中,主播可以告诉粉丝:"我的亲友群已经开通,大家可以加入哟!每天的直播信息都会在群里公布,我也会在群里和大家互动,我相信大家一定会聊得更开心!想进群的朋友可以联系直播小助手,欢迎大家!"每次直播时口播3~5次,很快一个社群就会成型。

2.持续不断地输出内容

每天,主播都要在社群内输出有针对性的内容。美妆类主播主要分享关于化妆、穿衣打扮方面的内容,并与粉丝进行互动交流,解答粉丝的提问,如图2-4-10所示;亲子类主播主要分享关于家庭教育方面的内容。一定要注意,分享的内容要与个人定位相符。如果自己是游戏主播,每天却只分享励志文章,自然不能激发粉丝们的热情,久而久之整个社群的活跃度就会彻底归零。

3.定期举办活动

社群运营活动包括线上活动与线下活动,这是活跃社群最有效的手段。线上活动,包括手绘主播赢奖品、众筹专属产品、粉丝K歌大赛、为某粉丝募捐等,只要能够让粉丝们参与其中,并且能够获得各种福利,粉丝的热情就会非常高,如图2-4-11所示。

图 2-4-10 美妆主播社群分享化妆教程

图 2-4-11 社群游戏互动

4.创造社群荣誉

创造属于社群的荣誉体系,对于那些发言积极的粉丝,可以颁发"最佳活跃"头衔;对于积极维护社群秩序的粉丝,可以颁发"最佳组织"头衔。让不同的粉丝在社群内找到自己最舒服的位置,同时还可以获得精神与物质奖励,他们参与社群互动的热情就会更高。

5.制订社群规则

没有规矩不成方圆,社群自然也应该有社群的规章制度,无论是管理者还是群成员,都应该遵守群的规章制度。要想建立一个优秀的社群,规章制度必不可少。在规则中明确哪些内容不能发,哪些话题不可以讨论。尤其对于广告必须明确限制,一旦一个人发广告,就会导致数十个人发广告刷屏。社群管理员必须对发广告的人禁言或移出社群,避免社群沦为广告群,如图2-4-12所示。

图 2-4-12　社群规则

 做一做

同学们，还有哪些粉丝导流的方法呢？请查询一下，简要列举在下面的横线上。

_____

阅读有益

社群粉丝画像和用户生命周期

1.社群粉丝画像

社群粉丝画像包含5个维度：兴趣、个人、行为、社会、思想。对这几个维度进行细化，得出结果见表2-4-1。

表2-4-1　社群粉丝画像维度分析

维度	细化指标
兴趣	购物、运动、美食、阅读、游戏……
个人	年龄、学历、地域、收入、婚育……
行为	日常起居、出行、生活习惯……
社会	资历、地位、社交……
思想	人生观、价值观、金钱观、需求……

构建社群粉丝画像最关键的步骤是采集粉丝数据，如图2-4-13所示，通常采集数据的方法有问卷调查、一对一沟通、粉丝参加社群活动时填写的信息，以及粉丝过往产生的消费记录等。另外，查看粉丝朋友圈的内容也可以大致了解一些基本信息，如喜好、风格、性格等。

图 2-4-13　粉丝数据

2.用户生命周期

用户生命周期是指用户从开始接触产品到离开产品的整个过程，包括：引入期→成长期→成熟期→休眠期→流失期，如图2-4-14所示。

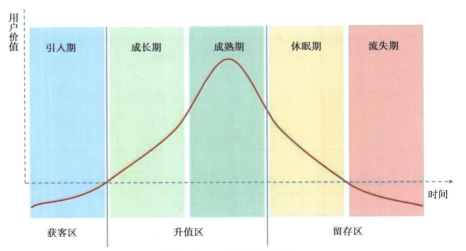

图 2-4-14　用户生命周期

让群内用户（粉丝）停留更长的时间，产生更多的价值，就是用户生命周期管理的主要目的。要延长用户的生命周期，运营人员就要重点关注表2-4-2中的内容。

表2-4-2　用户的生命周期分析

阶段	核心指标	关注重点
引入期	新增数	如何高效引入用户到私域
成长期	留存率	如何提高用户活跃度
成熟期	转化率、复购率、客单价	如何实现用户转化
休眠期	活跃数、沉默率	分析客户沉默的原因
流失期	流失率、召回率	如何避免流失，能够召回

【1+X 实战演练】

第一部分 理论测试题

一、单项选择题

1.社群运营的核心问题不包括哪一项?( )

A.粉丝属性　　　　B.圈层文化　　　C.内容贴合度　　D.运营者的颜值

2.将主播从社交媒体上积累的粉丝导流至社群,以下做法不正确的是( )。

A.在评论区留联系方式

B.在宣传海报上附上个人或社群二维码

C.主页介绍留微信(用符号代替)个人号信息

D.主页背景图引导用户私信,在私信里引导粉丝加入社群

3.下列颜色不适合作为直播间背景色的是( )。

A.灰色　　　　　　B.品牌色　　　　C.咖色　　　　　　D.白色

4.下列不属于常用拍摄设备的是( )。

A.相机　　　　　　B.稳定器　　　　C.显示器　　　　　D.三脚架

5.直播中,以下选项中不属于主播助理工作内容的是( )。

A.维持直播间评论区秩序　　　　　　B.单独展示商品

C.引导粉丝互动　　　　　　　　　　D.辅助主播与观众互动

6.以下关于商品展示,做法不合理的是( )。

A.主播对着口红色板讲解色号,无须上嘴试色

B.主播一边讲解,一边在嘴上试色

C.主播和助理穿同款上衣,展示不同尺码的效果

D.主播在镜头前简单演示不粘锅的效果

二、多项选择题

1.在对直播间布光时,需要考虑光的哪些基本特性?( )

A.光的明暗度　　　B.光的方向　　　C.光源　　　　　　D.光的色彩

2.轮廓光的作用有( )。

A.将主播从直播背景中分离　　　　　B.勾勒出主播轮廓

C.磨皮美白　　　　　　　　　　　　D.均匀受光

3.常用的防抖工具有( )。

A.单反相机　　　　B.手机支架　　　C.三脚架　　　　　D.手持稳定器

4.社群运营人员可从哪些维度来对社群粉丝进行画像分析?( )

A.兴趣　　　　　　B.个人　　　　　C.行为　　　　　　D.思想

5.运营人员在社群导流过程中,可以结合哪些手段?( )

A.创造利益点　　　B.营造归属感　　C.售后引导　　　　D.欺骗诱惑

6.达人直播的特点有( )。

A.货品单一,更新慢　　　　　　　　B.人格化

C.一人直播一个账户　　　　　　　　D.被动性,时间、时长、货品较受限制

7. 商家或个人在决定使用哪个直播平台时, 应考虑哪些因素? ( )

A.平台差异　　　　　　B.平台属性　　　　C.产品调性　　　　D.自身资源

8. 商家想要在淘宝进行直播, 需要满足哪些要求? ( )

A.在阿里创作平台注册达人, 并入驻淘宝主播平台, 账号正常

B.按平台要求完成认证, 且账号状态正常

C.店铺主管类目非限制推广主营类目

D.对上家准入有特殊要求的, 具体参考淘宝网规则

9. 账号起名可以参考哪些技巧? ( )

A.选择数字、谐音

B.使用叠词

C.所起名字可以与所在领域相关

D.主播的名字最好能让用户联想到正面的个人形象

10.以下哪些属于直播需要准备的物料? ( )

A.手牌　　　　　　　　B.样品　　　　　　C.直播硬件　　　　D.预告封面

11. 在直播前需要对设备进行调试, 需要注意的要点有( )。

A.摄像头位置是否摆放合理

B.直播间灯光是否足够明亮

C.不同渠道进入直播间是否可行

D.麦克风的选择是否符合当前直播环境

12. 以下关于直播宣传物料的描述, 正确的有( )。

A.直播背景板营造氛围, 引导用户下单

B.直播手牌展示直播内容, 衬托直播间气氛

C.直播预告海报, 进行直播信息预告

D.直播商品清单, 预告直播商品

13. 辅助光的作用有( )。

A.均匀受光　　　　　B.增强立体感　　　　C.磨皮美白　　　　D.突出侧面轮廓

14.主光的作用有( )。

A.均匀受光　　　　　B.增强立体感　　　　C.磨皮美白　　　　D.突出侧面轮廓

15. 顶光的作用有( )。

A.给背景和地面增加照明　　　　　　　　B.瘦脸

C.均匀受光　　　　　　　　　　　　　　D.协调室内其他灯光的效果

第二部分　实操题

　　材料: 分析客户地域分布, 能够帮助企业了解目标客户集中的地域, 并根据地域特征进行选品的调整, 尽可能提升商品销量, 获取更多利润。一家经营保健和美容产品的公司建立了全域数字化运营体系, 主营体重管理、口腔健康、肠胃调节、睡眠改善、营养保健、养生滋补、美妆护肤、健康服务等细分类目。

　　运营人员小刘负责组建相关团队并开展直播带货, 请你根据所学知识和实践经验, 完成下列有关该品牌产品直播策划的3道题目。

1.制订目标后,要据此组建自己的直播团队,请你说出常见的直播团队中有哪些角色?

_____

_____

_____

2.小刘将不同地域商品的销售量、销售额、利润做成了一张统计表,请简单说明表格中有待优化的地方。

不同地域商品销售统计表

地域	销售量/瓶	销售额/元	利润/元
天津	200	9 800	4 700
西安	350	10 800	5 900
上海	410	12 800	6 900
成都	780	7 800	3 200
江苏	970	10 500	5 700

_____

_____

_____

3.直播时,营造一定的直播场景对于提升直播效果具有非常重要的意义。常见的直播场景有直播间、仓库和原产地。请你说出以上三者中,哪一个适合作为口红系列产品的直播场景,并说出理由。(理由不少于50字)

_____

_____

_____

◆ **项目评价**

评价要素	评价内容	配分/分	得分/分
遵守纪律	不迟到早退	10	
学习态度	学习态度端正	10	
基础礼仪	仪表仪容干净	10	
	礼貌用语,微笑服务	10	
岗位技能	熟悉岗位职能,任务合理分工	15	
	掌握语言技巧,能流畅地讲解	15	
	能合理搭建直播环境,为直播助力	15	
	能创建社群,引流粉丝	15	
整体评价	90分以上为"优秀"等级; 76~90分为"良好"等级; 60~75分为"合格"等级; 60分以下为"不合格"等级		

项目三
直播脚本的策划与执行

【项目概述】

直播脚本可以让主播更好地把控直播节奏，掌握直播中的主动权，为直播间带来更大的收益，所以直播脚本是直播前必须准备的内容。直播团队必须通过前期准备将抽象的思路具体化，将策划内容客观地、清晰地、生动地以脚本的形式呈现出来，并高效地指导实践行动。经理让李琳同学参与到"家纺旗舰店"直播间的直播脚本策划工作中，并告诉李琳："只有准备好脚本，在直播过程中才能减少突发状况的发生。"

【项目目标】

知识目标

+ 了解直播脚本的素材准备；

+ 了解直播活动机制；

+ 了解直播的策划与执行。

技能目标

+ 能根据社会热点准备直播脚本；

+ 能运用直播活动机制；

+ 能设置直播间的违禁词；

+ 能挖掘商品卖点并运用直播脚本。

思政目标

+ 培养规范经营的意识。

【项目导学】

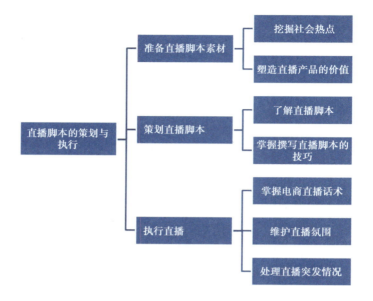

[任务一]

准备直播脚本素材

◆ 任务描述

　　"经理，直播脚本的策划首先需要做哪些准备工作呢？"李琳询问。经理说："我们要先挖掘社会热点，可以借助热点为直播间宣传造势；还需要塑造直播产品的价值，给出能让消费者购买产品的理由，为直播脚本的策划做好准备工作。"

◆ 任务实施

　　每当发生社会热点事件时，一些公众号、视频号都会在极短的时间内从不同的角度去解读这个热点，并且这类文章或视频的阅读、点赞数据一般都不会太差。这就是俗称的"蹭热点"。那么直播运营该如何快速蹭热点事件呢？

活动一　挖掘社会热点

　　社会热点是指比较受广大群众注意的新闻、事件、网络用语、段子等社会信息，在直播营销活动中结合社会热点信息是一种新常态。直播前要搜集一些热点话题，在开始的时候作为引入的内容，吸引人气，活跃气氛，并且内容最好能结合主播的人设与粉丝的偏好，才能更有效地提升粉丝的活跃度。

一、热点的类型

热点一般可分为可预见性热点和突发性热点两类，如图3-1-1所示。

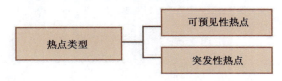

图 3-1-1　热点分类

1.可预见性热点

大众熟知的一些热点信息，如国家法定节假日、电商大促等。

（1）节假日热点

每年的春节、情人节、国庆节、劳动节等节假日都是能提前预判的热点。

品牌方、商家、博主可提前布局"春节年货指南""情人节礼物清单""五一去哪玩"等话题内容来抢占热点。

（2）电商大促热点

电商大促也有固定的热点，如"618""双十一""双十二"等，这些都是每年固定时间并且一定都会发生的热点。

同样的，品牌方、商家、博主可提前布局清单、攻略等话题内容来抢占热点，如图3-1-2所示。

图 3-1-2　电商大促热点——618 年中大促

2.突发性热点

突然发生的热点事件或活动，如突发的社会事件、近期的影视作品等。

（1）社会事件

刚发生不久且有热度的社会事件可以是追逐的热点，因为这类事无论在哪个平台上，都已经具备了一定的热度，容易引起大家的讨论和关注，但在热点的选择上要注意，需符合社会主义核心价值观。

（2）影视作品

热门的电影、电视剧和综艺节目也都是可以追逐的热点，如可以做电影、电视剧的穿搭延伸，挖掘明星同款，打卡综艺场景等。

综上所述，两种热点的特点如图3-1-3所示。

热点类型	特点
可预见性热点	长期性、固定性、可预见性
突发性热点	短期性、突发性、不可预见性

图 3-1-3　热点类型与特点

二、热点搜集的方法

在这个信息爆炸的时代，网络舆论的表达和诉求越来越多样化。在查询互联网舆论热点之前，首先要知道在哪里查。通常来说，网民参与度和互动性强的平台往往是舆论关注或讨论的主要平台，如一些在线社交媒体平台、互动社区、论坛等。因此，可以通过查询此类平台上的热点话题或热点事件，了解互联网舆论关注的热点话题。

不管是可预见性热点，还是突发性热点，蹭热点的第一步就是要求运营者快速、准确地获取热点信息，针对不同热点类型，做出不同的应对方案，还需要判断一些热点的真实性和正向性。

1.可预见性热点的搜集方法

（1）节假日热点的搜集方法

从中华人民共和国中央人民政府网站查询放假通知，在搜索页面，搜索"国务院办公厅关于2023年部分节假日安排的通知"，即可搜索到相应内容，如图3-1-4所示。

图 3-1-4　国务院办公厅关于 2023 年部分节假日安排的通知

（2）电商大促热点的搜集方法

除了人们都熟知的"618""双十一""双十二"，还可以如何了解电商平台的活动时间呢？例如，针对淘宝平台，商家可以加入淘宝卖家群或者社区，里面会发布最新的活动信息。除此以外，就得多关注卖家后台的活动通知了，一般活动都会提前预告，商家可以根据时间表做好准备，如图3-1-5所示。

2.突发性热点的搜集方法

当前绝大部分的突发性热点都源于社交媒体、新闻网站、论坛博客等，所以获取热点消息应首选平台热搜榜或热搜监控工具。以下列举几种方法。

淘宝2023年活动时间表	
时间	活动
1月2日	年货节
3月7—9日	天猫女王日
3月18—20日	淘宝新时尚
3月27—29日	天猫新时尚
4月15—17日	淘宝旅游季
4月20—22日	天猫亲子节
5月13—15日	淘宝新势力周
5月21—23日	淘宝亲子嘉年华
6月1—3日	六一大促销
6月16—18日	六一八大促
7月15—17日	淘宝酷夏清仓
7月19—21日	天猫狂暑节
9月9—10日	淘宝99性价比节
10月14—16日	新势力周
11月11日	淘宝双"十一"
12月12日	淘宝双"十二"

图 3-1-5　淘宝 2023 年活动时间表

（1）腾讯系——朋友圈、公众号、看一看

这几个渠道都是私域流量，都是我们需要重视的。朋友圈可以看一些被重复提到的话题，公众号也是可以看热点关键词，看一看则是可以查找多类型的热点。

（2）字节系——今日头条、抖音、西瓜视频

今日头条是数据推荐，但因为和抖音、西瓜视频都属于字节跳动平台，上面的热门内容跟抖音的热门话题类似。可以打开今日头条首页，大致浏览内容标题，重点是查看24小时热闻。字节系App如图3-1-6所示。

图 3-1-6　字节系 App

（3）新浪系——微博

提到新浪大家的第一反应就是新浪微博，新浪微博的流量不需多说，不仅如此，它的热搜榜上的热点热议度也是几个平台中靠前的，可创造性非常强。

（4）第三方平台——即时热榜

即时热榜是一个聚合类的热点网，可以一站看遍全网热点热搜排行榜，找热点真的相当便捷，各个平台、不同类型的热点榜单都可以轻松找到。它是一个相当专业的热点工具，如图3-1-7所示。

图 3-1-7　即时热榜榜单

 做一做

在网络中搜索观看有关社会热点的案例，分析一下热点在直播脚本中的运用。

三、热点分析

为了更好地把热点和商品结合起来宣传，我们需要对热点进行分析，分析热点产生的原因、热点的话题性、热点的观众范围、热点与商品的相关度，最后筛选出合适的热点，制造话题、吸引流量、激发观众的购买意愿，以达到最好的销售效果。

1. 热点产生的原因

分析热点是如何产生的，是否由传统文化习俗或法定节假日或某个社会事件引起。

2. 热点的话题性

热点的讨论度、关注度、影响力是否高，是否吸引人，是否会围绕展开讨论，可以通过数据分析工具来做出判断，如图3-1-8所示。

3. 热点的观众范围

分析热点关注者的年龄段、职业、性别、地域等属性。

4. 热点与商品的相关度

分析热点与直播中的商品关联性是否强，思考如何与商品联系起来。

5. 筛选热点

需要筛选热点，不是所有的热点都适合追逐，如不符合社会主义核心价值观的热点不能

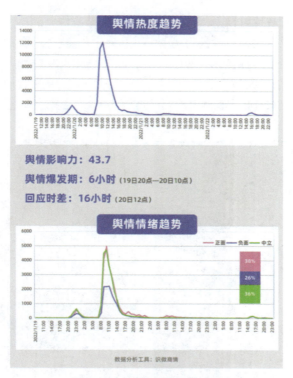

图 3-1-8　数据分析工具页面

使用,可能会引起观众的反感。"蹭热点"也需符合国家法律法规及政策。谨慎蹭热度,不要为了蹭热度而蹭,也不要在未核实的情况下蹭热点。

2022年11月4日,中央网信办印发《关于切实加强网络暴力治理的通知》,如图3-1-9所示。通知明确,坚决打击借网暴事件蹭炒热度、推广引流、故意带偏节奏或者跨平台搬运拼接虚假信息等恶意营销炒作的行为,进一步排查背后MCN(多频道网络)机构,对MCN机构采取警示沟通、暂停商业收益、限制提供服务、入驻清退等连带处置措施。此外,还将问责处罚失职失责的网络平台。

图 3-1-9　中央网信办印发的文件

四、根据热点策划直播内容

在策划直播时，必须要时刻关注市场的发展和变化趋势，尤其要关注市场的热点。网上的热点词汇和事件往往能够带动用户的传播和分享，抓住热点做直播，不仅很容易吸粉，品牌也能够通过热点的传播进行最大范围的扩散。例如，中秋节前的一段时间，就可以开始预热中秋节的话题，可以提前放出中秋送礼专场的直播预告，之后在直播过程中也把中秋节的热点和月饼、水果、茶叶结合起来营销，如图3-1-10所示。

图 3-1-10　中秋节直播预告

 做一做

请在网络上收集社会热点，为家纺旗舰店的抱枕产品筛选合适的热点信息。

活动二　塑造直播产品的价值

直播带货中产品的价值塑造需要通过产品、品牌、营销策略等方面的综合考虑和优化来实现。通过塑造产品价值来提高产品的市场竞争力和用户满意度，给出能让消费者购买产品的理由，激起消费者的购买欲望。直播产品价值塑造有4种方法：产品讲解、价格对比、打消顾虑、场景代入。

1.产品讲解

主播一定要比观众更了解产品，从多个角度去进行讲解，例如，从产品的功效、成分、材质、价位、使用方法、使用效果、使用人群等维度进行介绍。通过详尽、专业的讲解让观众认可产品，进而认可主播，使观众觉得根据主播的推荐购买一定不会错。

讲产品细节，可以将产品的细节拆分开，然后再重组，更能体现这个产品的价值。例如，讲解抱枕（图3-1-11），主播画外音："这款刺绣枕套，光刺绣、锁边的手工成本就要50块钱，使用进口高精度刺绣机制作，颜色饱满，质感细腻，抱枕上整个郁金香图案全部是做到万金刺绣，这样的面料和做工舒适柔软，美观耐用，放在客厅就像是一个艺术品。"

2. 价格对比

我们可以展示产品的市场价、日常价、吊牌价、直播价。价格优惠对用户是最直接的刺激，营造有冲击力的价格差和优惠力度，让用户感觉到"便宜"，花钱花得值，性价比高。学会用价格上的对比让观众感受到直播间的性价比，给观众一个购买的理由。

例如，讲解床单被套（图3-1-12）："像这种面料材质的床单被套，线下商店至少需要129元。但在我们直播间今天做活动秒杀价19.84元就能买到，19.84元日常也就够买一个枕套，今天在我们直播间，你就能把一套做工精细、质量上乘的床单被套包邮买到家！"

图 3-1-11　抱枕产品的讲解截图　　图 3-1-12　床单被套产品讲解

3.打消顾虑

我们需要让观众对产品的品质消除疑虑，建立信任感，推动下单。例如，可以展示产品的官方资质、销量、专家的推荐意见、用户的真实评价等，还可以推出产品先试后买，包邮到家，如果不满意，可以七天无理由退货，为买家购买运费险等服务，打消消费者的顾虑，促进下单。

4. 场景代入

（1）产品使用场景

场景化营销，就是要呈现产品的使用场景，这样更贴近消费者的生活，让消费者感觉产品非常实用值得购买，条件允许还可以在实景中搭建直播间。例如，卖服装可以布置T台，安排模特展示；卖海鲜可以在捕捞船上展示刚捕捞的海鲜；卖抱枕可以打造一个家居场景，如图3-1-13所示。

（2）购买氛围场景

介绍完产品各方面的情况之后，主播以产品为核心与观众进行互动，营造激烈的购买氛围，告诉观众优惠活动名额有限，先到先得，刺激消费者的下单行为从而提升销量。

图 3-1-13　为抱枕产品搭建的家居场景

做一做

扫描二维码，观看直播视频片段，分析主播是如何为抱枕产品塑造价值的。

主播示范

阅读有益

　　截至2022年12月，中国网络直播用户规模达7.51亿，占整体网民的70.3%，直播成为主流网络应用。

　　与此同时，网络直播行业存在的主体责任缺失、内容生态不良、主播良莠不齐、充值打赏失范、商业营销混乱、青少年权益遭受侵害等问题，严重制约了网络直播行业的健康发展，给意识形态安全、社会公共利益和公民合法权益带来挑战。自2016年国家广电总局制定首个网络直播监管政策以来，相关部门出台多个文件持续规范网络直播行为，强化协同监管，完善综合治理体系，具体内容如图3-1-14所示。

时间	主管部门	文件名称
2016年09月	广电总局	关于加强网络视听节目直播服务管理有关问题的通知
2016年12月	国家网信办	互联网直播服务管理规定
2018年02月	广电总局	关于加强网络直播答题节目管理的通知
2018年08月	全国扫黄打非办等6部门	关于加强网络直播服务管理工作的通知
2019年10月	广电总局	关于加强"双11"期间网络视听电子商务直播节目管理通知
2020年11月	广电总局	关于加强网络秀场直播和电商直播管理的通知
2021年02月	国家网信办等7部门	关于加强网络直播规范管理工作的指导意见
2021年03月	国家市场监管总局	网络交易监督管理办法
2021年04月	国家网信办等7部门	网络直播营销管理办法（试行）
2022年03月	国家网信办等7部门	关于进一步规范网络直播营利行为促进行业健康发展意见
2022年04月	广电总局、中宣部	关于加强网络视听节目平台游戏直播管理的通知

图 3-1-14　相关部门出台的文件

［任务二］

策划直播脚本

◆ 任务描述

经过前期准备,李琳和团队成员已经准备好了直播产品、直播素材,对直播活动进行了初步的设计。李琳问经理:"准备好这些,就可以开始直播了吗?"经理告诉李琳:"直播可不能临场发挥,在正式直播前,需要策划直播脚本,这样才能顺利开展直播,达到预期效果。我带你们一起策划本场直播的脚本。"

◆ 任务实施

活动一　了解直播脚本

一、直播脚本的含义

脚本是使用一种特定的描述性语言,依据一定的格式编写的可执行文件。脚本一般是指表演戏剧、拍摄电影等所依据的底本,也可以说是故事发展的大纲,用以确定故事的发展方向。同样地,直播中每一个环节以及主播的话术都是需要提前精心准备的。直播脚本是指在直播前制订的直播计划,用于把控直播节奏,规范直播的内容和流程,以达成既定的直播目标。

 做一做

你见过直播脚本吗? 你认为什么是直播脚本? 请将答案写在下面的横线上。

_____

二、直播脚本的作用

在直播带货前,一定要制订一份清晰、详细、可执行的脚本。一份合格的直播脚本有5个方面的作用。

1.明确主题,实现直播效益最大化

在直播之前明确本场直播的目的是什么?是涨粉还是带货?是回馈粉丝?是新品上市还是大型促销活动? 不同的直播目的将影响整场直播的走向。直播主题就是要让粉丝明白在这场直播里面能看到什么、获得什么,提前勾起粉丝的兴趣。

2.调度协调直播分工

直播是动态的过程,涉及人员配合、场景切换、产品展示、主播表现、促单活动等综合因素。脚本能够对主播、助播、运营等人员的动作、行为、话术做出指导,促使直播参与人员默契、有条不紊地配合。

3.把握直播节奏,规范直播流程

直播脚本就是在每一个时间点,对主播的话术以及直播间的各项活动进行提前的预设,可以从时间、利益点、人员的安排、产品的解说等方面,形成规范化、流程化的体系。根据直播脚本,主播在直播过程中也能够合理安排时间,不至于出现超时或者有空余时间的情况。

例如,按照脚本设计某一场直播是8点开播,8点到8点10分要进行直播间的预热,那么主播在这十分钟内就需要通过和观众打招呼、热点话题互动等方式来积累直播间的热度。

4.帮助主播掌握主动权

主播是直播控场的关键,在直播过程中,公屏上会有粉丝的各种提问以及其他互动内容,主播需要把握直播的主动权,有逻辑、有顺序地展开直播介绍,有技巧、有选择性地回答粉丝问题,不被粉丝带偏,脱离直播主线。

5.减少直播突发情况

通过脚本的设计能够提前预知可能出现的各种突发情况,并做好突发情况处理预案,减少直播突发情况的出现,提升应对能力。

 做一做

直播一定要写脚本吗?为什么?请将答案写在下面的横线上。

_____

三、直播脚本的基本要素

在一场直播中,有些信息是必不可少的,如直播目标、直播人员、直播时间、直播主题、直播内容和直播活动机制,这些就构成了直播脚本中必须包含的要素,如图3-2-1所示。

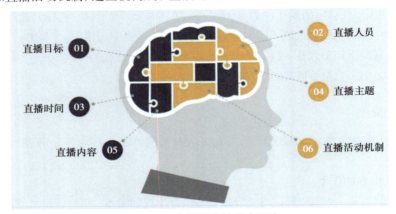

图 3-2-1　直播脚本的基本要素

1.直播目标

直播目标是指本场直播希望达到的目标,包括对观看量、点赞量、进店率、转粉量,以及销售额等各项数据的具体要求。通过明确这些数据要求来促成直播目标的实现。

2.直播人员

在直播脚本中,需明确参与直播的各人员职责。例如,主播负责引导观众、介绍产品、解释活动规则;助理负责现场互动、回复问题、发送优惠信息等;后台客服负责修改产品价格、与粉丝沟通、转化订单等。一个好的直播团队,必然离不开团队内部人员在每个岗位上各司其职。

3.直播时间

直播时间应该提前预设。在直播时,严格按照预计的直播时间进行,时段也要相对固定。下播前,及时预告下一次直播时间,让粉丝持续关注下次直播。这样一方面可以促进粉丝养成观看习惯,另一方面还能让粉丝对主播保持新鲜感。

4.直播主题

做一场直播，先要确定主题，整场直播的内容需要围绕中心主题进行拓展，主题可以是配合品牌上新、爆款推荐、店庆活动或回馈客户等。

5.直播内容

直播内容是整个直播脚本的精华和重点部分，包括产品介绍、产品数量、产品类型、产品价格（日常售价和促销价）、产品成分、产品卖点、产品链接、店铺优惠与折扣或者其他平台活动等。

6.直播活动机制

直播活动机制是指直播中的互动活动与奖励机制。直播间互动活动一般有两种目的：第一种目的是提升直播间热度，提高直播间观看人数、点赞量、评论量、平均观看时长、粉丝量等，常见的活动包括关注主播领优惠券或红包、满观看时长领优惠券、分享直播间领优惠券、点赞抽奖、评论抽奖等；第二种目的是提升商品销量、增加销售额，常见的活动包括满减、满赠、会员礼、充值礼、秒杀等。

 做一做

扫码阅读"沃柑"的直播稿，分析其直播脚本要素，并填写到下表中。

序号	要素	具体内容
1	直播目标	
2	直播人员	
3	直播时间	
4	直播主题	
5	直播内容	
6	直播活动机制	

直播稿

四、常见的直播流程

1.过款式流程

过款式流程，顾名思义，就是主播按照一定的顺序一款一款地讲解商品，适用于时间短或选品多的直播间。由于一场直播时间比较长，直播期间会不断地有客户离开直播间，也会不断有新的客户进入直播间，因此在直播结束前20分钟左右，主播可将所有播过的商品再迅速地过一遍，通过"捡漏"促成一些订单，提升直播成交额。很多头部直播间由于选品种类众多，基本都采用过款式流程，比较考验主播的应变能力和对产品的认知程度。一场时长为2小时的过款式直播的安排见表3-2-1。

表3-2-1　过款式流程安排

时间	互动内容	主播安排
10分钟	暖场互动	主播A
30分钟	主推第一组三款产品	主播A+助播B
10分钟	宠粉福利第一款	主播A+助播B
10分钟	开展直播活动	主播A+助播B

续表

时间	互动内容	主播安排
30分钟	主推第二组三款产品	助播B+主播A
10分钟	宠粉福利第二款	助播B+主播A
20分钟	第一组+第二组产品快速过款	主播A+助播B

2.循环式流程

循环式流程，就是主播按照某一标准流程不断循环介绍产品。客户在直播间的平均停留时长大多只有一两分钟，因此，隔一段时间重复推介是直播带货的常规操作。循环式直播可以减少备稿成本，主播只要勤加练习就能游刃有余，且有助于拉长直播时长，因此，长时间在线的直播间常用循环式直播。例如，一场直播的时长为2小时10分钟，主播介绍2款商品，那么主播可以以40分钟为一个周期，将2款商品在2个小时10分钟里循环播3遍。一场时长为2小时10分钟的循环式直播的安排见表3-2-2。

表3-2-2　循环式流程安排

时间	互动内容	主播安排
10分钟	暖场互动	主播A
30分钟	主推产品N款	主播A+助播B
10分钟	宠粉福利款	主播A+助播B
30分钟	主打产品N款（第一次循环）	助播B+主播A
10分钟	宠粉福利款	助播B+主播A
30分钟	主打产品N款（第二次循环）	主播A+助播B
10分钟	宠粉福利款（预报下场直播）	主播A+助播B

 做一做

过款式流程和循环式流程有什么区别和联系？请写在下面的横线上。

_____

五、直播脚本类型

根据常见的直播流程，直播脚本可以分为两类，即单品脚本和整场脚本。

1.单品脚本

单品脚本就是针对单个产品的直播脚本。以单个商品为单位，规范商品的解说，突出商品卖点。因为一场直播一般会持续2~6个小时。大多数直播间都会推荐多款产品。每一款产品定制一份简单的单品直播脚本，将产品的卖点和优惠活动标注清楚，可以避免主播在介绍产品时手忙脚乱，混淆不清。单品脚本要以表格的形式写下来，表格的内容一般包括产品主图、品牌介绍、消费者痛点、商品卖点、使用场景、直播利益点、日常价、活动价和注意事项。

例如，直播家纺旗舰店的国潮抱枕单品，可以构建表3-2-3所示的直播脚本。

表3-2-3　家纺旗舰店的国潮抱枕单品脚本

序号	产品宣传点	具体内容	
1	产品主图	 好運已就位 歡喜 happy　行運 LUCKY 促销价：¥88	
2	产品链接	https://item.taobao.com/item.htm?××××××	
3	品牌介绍	某知名家纺企业成立于1993年，是中国家纺协会理事单位之一。公司旗下拥有多个子品牌。公司本着"诚信、责任、创新、共赢"的经营理念，秉持"质量造就品牌"的质量观，结合当下时尚潮流推出多种类型的床上用品	
4	消费者痛点	①有的抱枕设计不够美观； ②有的抱枕不能打开当小被子； ③有的抱枕材质不透气，触感不舒服	
5	商品卖点	国风设计	这款抱枕毯通过钩编的方式融入了醒狮元素，可爱的造型令人爱不释手。营造欢喜氛围，让烦恼烟消云散。国潮正当时，醒狮震四方，带着美好寓意，演绎中国韵味
		双重工艺	采用双重刺绣工艺，棉质绣线进行高密针织，触感柔软、亲肤、透气
		实用性强	这款抱枕一物多用，收纳方便。展开时，可作为连帽披肩午睡毯/小被子使用，合上为抱枕/靠垫，折叠简单，小巧便携
6	使用场景	①新年新气象，我们可以利月一些国潮抱枕这样的小装饰为家居换上新装，辞旧迎新； ②可以放在车上，再也不怕夏天的空调，冬天的冷风； ③还可以放在椅子上当腰靠，放松腰椎； ④在办公室，趴在桌子上午睡的时候，可以用来当枕头； ⑤旅行带上更省心	
7	直播利益点	今天在直播间购买国潮抱枕的顾客，可享受"双十一"优惠价88元，再赠送一个枕芯，下单备注"送枕芯"即可	
8	日常价	120元	

续表

序号	产品宣传点	具体内容
9	活动价	88元
10	注意事项	①在直播时，直播间显示"关注店铺"卡片； ②主播注意引导粉丝关注、分享直播间

 做一做

请将表3-2-4中某品牌火锅底料的单品直播脚本补充完整。

表3-2-4　某品牌火锅底料的单品直播脚本

序号	产品宣传点	具体内容
1	产品主图	渝江　现货速发 拍1发10袋　懒人独立小包装 随拆随用
2	产品链接	https://item.taobao.com/item.htm?××××××
3	品牌介绍	
4	消费者痛点	
5	商品卖点	
6	使用场景	
7	直播利益点	
8	日常价	15.6元
9	活动价	9.9元
10	注意事项	

2.整场脚本

整场脚本比单品脚本更详细，以整场直播为单位，规划整场直播的节奏、流程和内容，包含直播时间、直播主题、直播目标人员安排、直播流程细节、注意事项等。例如，策划家纺旗舰店"国庆节"当天的整场直播活动，可以构建表3-2-5所示的直播脚本。

表3-2-5   家纺旗舰店"国庆节"直播脚本

直播概述	
时间	2023年10月1日19：30—22：00
地点	家纺旗舰店直播间
主题	欢庆国庆，够省！够嗨！够实惠！
目标	"吸粉"目标：吸引2万粉丝观看，2000+粉丝关注； 销售目标：50万元
主播	倩倩
注意事项	①丰富直播间互动玩法，提高粉丝活跃度，增强粉丝黏性； ②直播讲解占比：60%产品讲解+30%回复粉丝问题+10%互动，注意把控商品讲解节奏； ③注意粉丝提问，多多互动进行答疑，不要冷场

直播流程			
时间段	流程安排	人员分工	
		主播	后台客服
19：30—9：40	开场预热	暖场互动，自我介绍，引导用户关注，介绍抽奖规则，进行截屏抽奖	①向粉丝群推送开播通知； ②收集中奖信息
19：40—9：50	活动剧透	剧透本场直播的福利和发放时间点，本场直播的新款产品、主推款产品，以及直播优惠力度	向粉丝群推送本场直播活动内容
19：50—20：10	讲解商品	以自身感受讲解午休时没有抱枕的尴尬，引出国潮抱枕，讲解、试用第一款商品：国潮抱枕	①添加商品链接； ②回复客户后台咨询的问题
20：10—20：20	互动	为用户解答疑惑，与用户互动	收集互动信息
20：20—20：40	讲解商品	分享晚上睡觉睡得好的秘诀，讲解、试用第二款商品：纯棉四件套	①添加商品链接； ②回复客户后台咨询的问题
20：40—20：45	福利赠送	向用户介绍抽免单的规则，引导用户下单，参与抽奖	收集抽奖信息
20：45—21：10	讲解商品	讲解、试用第三款商品：A类母婴级抗菌大豆被	①添加商品链接； ②回复客户后台咨询的问题
21：10—21：50	商品返场	对三款商品进行返场讲解	回复客户后台咨询的问题
21：50—22：00	直播预告	预告下一场直播的时间、福利、直播商品等	回复客户后台咨询的问题

需要注意的是，脚本结构不是一成不变的，需要不断优化，不断调整，精益求精。一场直播在按脚本执行的时候，可以分时间段记录下各种数据和问题，结束后进行复盘分析。这样方可不断优化和改进，对于直播脚本的制订和运用才能更得心应手。

 做一做

"双十一"即将来临，请为家纺旗舰店策划一场"双十一"购物节的整场直播脚本。要求：时长4小时，讲解六款商品，具体商品见表3-2-6，互动活动内容可自行安排。

表3-2-6　六款商品详情

商品1	商品2
100%里外全棉空调被单双人可水洗夏凉被纯棉棉花薄被子	全棉A类棉花夏被空调被纯棉单双人宿舍夏凉被薄被芯被子
商品3	商品4
冬被大豆纤维被褥子加厚保暖10冬被芯单双春秋被芯空调被	A类夏被100%里外全棉棉花空调被双层纱布薄被子儿童棉纱
商品5	商品6
A类母婴级全棉纯棉枕芯软枕硬枕头中低保健枕单双人家用	儿童枕头四季通用1~10岁幼儿园小学生婴儿宝宝记忆棉枕

活动二　掌握撰写直播脚本的技巧

一个优秀的直播脚本一定要考虑到每一个细节,要让时间、场景、人员、道具、产品、品牌充分融合到一起。想要撰写出优质的直播脚本,首先应梳理直播流程,然后根据直播流程安排时间、人员、产品、活动内容等。

一、梳理直播流程

直播脚本用于规范常规的直播流程和内容,通常会按照开播福利介绍→整场产品概况→单品介绍→需求痛点→产品卖点→场景构建→价格介绍→重点福利→促单成交的基本逻辑来撰写直播脚本,如图3-2-2所示。

图 3-2-2　撰写直播脚本的基本逻辑

 做一做

客户的需求痛点和产品的卖点有什么区别呢?

_____

二、直播脚本撰写的注意事项

1.直播时间

综合考虑各方面的因素,然后制订每天或者每周的直播时间和时长,流量高的直播时间段见表3-2-7。

表3-2-7　流量高的直播时间段

时间段	说明
7:00—10:00 赖床时间	这段时间观看直播的观众的工作时间比较自由。此时,平台上开播的主播人数少,竞争小,是圈粉的好时机
12:00—14:00 午休时间	这段时间观看直播的观众绝大多数是上班族,收入稳定可观。此时平台上开播的主播人数有所增加,竞争逐渐变大,是适合维护粉丝的时间
19:00—24:00 高峰时期	此时平台迎来流量高峰,无论是主播还是观众都在这段时间涌进平台,消费也会达到高峰,是刺激消费的时间

 做一做

你会选择哪一些时间段开展直播呢? 为什么? 请将你的答案写在下面的横线上。

_____

2.直播产品

一个成熟的直播间,应当同时具备福利款、主推款、利润款、对比款、形象款这5大类型的产品,缺一不可,各类型产品占比见表3-2-8。

表3-2-8　各类型产品占比

产品类型	占比	说明
福利款	10%	限量在直播间给予粉丝的回馈，配合抽奖进行
主推款	30%	一定是直播间的爆款，利润率不高，客户群体大，量级大
利润款	30%	利润高，跟主打款做好搭配进行关联销售，提升收益
对比款	20%	跟主推款相似，但价格高于主推款，衬托其他商品的性价比
形象款	10%	高利润款，纯粹为了提升直播间形象，可以不详细介绍

3.直播环节

一场直播的时间少则一两个小时，多则五六个小时，因此我们需要将一场直播拆解成不同的部分，每一个环节占用多长时间都要做好规划，以免在直播过程中出现产品解说和产品上架时间错乱等情况。同样，一款单品的讲解也需要被拆解成不同的环节。

例如，在单品直播中，建议新手主编将每款产品的解说时长控制在10分钟左右，10分钟单品讲解环节的安排见表3-2-9。

表3-2-9　10分钟单品讲解的环节安排

时间	环节	说明
2分钟	卖点引出	通常会用互动的形式让用户参与进来，如介绍一款油皮洗面奶，就可以说"有没有脸爱出油的宝宝？在评论区扣1"，这也是提高互动率的一个小技巧
3分钟	手拿介绍	主要介绍产品卖点，可以参考产品的淘宝详情页，但是千万不要照搬照念，一定要加入自己的话术，如介绍口红的时候可以说"像小精灵在你嘴巴上跳舞"
3分钟	用户评价	在淘宝评论区、小红书笔记、公众号软文等处都可以找到非常详细的用户评价，可以介绍给观众
2分钟	促单销售	让大家下单的时间不宜过长，如果有特别的优惠活动，可以直接说秒杀价格是多少，前3个下单有什么优惠，加入粉丝团有什么优惠等，促进买家下单

 做一做

在表3-2-10中补充家纺旗舰店的国潮抱枕单品的讲解环节内容。

表3-2-10　国潮抱枕的讲解环节安排

时间	环节	内容安排
2分钟	卖点引出	
3分钟	手拿介绍	
3分钟	用户评价	
2分钟	促单销售	

4.直播活动

在观看直播的时候，经常会发现很多直播间里都会准备一些小活动，这些活动其实都是提前设计好的，需要写进直播脚本中。我们想要活跃直播氛围，可以通过在直播间引导粉丝关注、设置互动游戏、进行剧情表演等方式设置直播活动。

（1）引导粉丝评论

比如可以直接向粉丝提出"喜欢的请评论扣1""有没有干皮的宝宝，干皮的宝宝在评论区扣2"等。主播要提前了解粉丝的偏好，与粉丝互动，鼓励粉丝发弹幕、留言。

（2）设置互动游戏

除引导粉丝评论外，还可以通过答题、领红包、整点促销活动、抽奖、连麦等小游戏的方式来活跃直播氛围。

（3）进行剧情表演

另外，还可以通过直播间剧情表演的方式来活跃直播间氛围。比如粉丝可以在直播间进行砍价，主播直接在直播间降价等，或者与品牌方进行联合讲解，增加活动可信度。

 做一做

请扫码观看视频，说出该视频属于哪种直播活动方式？

直播活动方式

阅读有益

直播脚本与直播稿的区别

直播脚本是规范直播的内容和流程的直播计划，包括直播目标、直播人员、直播时间、直播主题、直播内容和直播活动机制。直播稿是直播过程中主播、副播所使用的文稿，细化到主播、副播的每一句话，为主播、副播提供更为详细的内容和细节，以此帮助主播更好地展示自己的主题和亮点，避免主播出现失语或说错话的情况。因此，直播脚本比直播稿所包含的内容更广泛，直播稿只是主播、副播在直播时的备用文稿。

YUEDUYOUYI

［任务三］

NO.3

执行直播

◆ **任务描述**

通过前期准备，李琳和团队成员已经撰写了一场时长2小时的直播脚本。李琳问经理："现在可以根据直播脚本展开直播活动了吗？"经理告诉李琳："开展直播，只有直播脚本还不够，还需要学会一些常用的直播带货话术，掌握维护直播氛围的方法，以及处理直播突发情况的技巧。现在，我带你们一起学习如何执行直播吧。"

◆ 任务实施

活动一　掌握电商直播话术

电商直播中的说话技巧, 称为电商直播话术。在电商直播中, 主播不仅要介绍商品的质量、价格等, 还要运用一些话术来突出商品的优势和特点, 增加消费者黏性, 刺激消费者的购买热情, 营造良好的直播氛围。

一、运用FABE法则

FABE法则是非常典型的利益推销法则, 它分为4个部分, 即Feature (属性)、Advantage (作用)、Benefit (益处) 和Evidnece (证据)。

(1) 属性: 产品的特征、特点。例如, 产品名称、产地、材料、工艺、特性等内在属性。商品与其他竞争品相同的部分属性, 可以称为"共性", 而商品所特有的属性, 称为"特性"。主播在介绍商品时, 应强调商品的特性, 以便彰显商品的与众不同。标准句式: 因为 (特征/特性)……

(2) 作用: 由产品特征所产生的功能或作用。例如, 更管用、更高档、更温馨、更保暖、更结实、更显瘦、更舒适、更透气等。标准句式: 所以它……

(3) 益处: 产品给消费者带来的利益、好处。例如, 安全、健康、舒适、耐看、美白等。标准句式: 可以让您……

(4) 证据: 证据、证明。例如, 相关证明文件、评论区的顾客好评等。标准句式: 您看……

FABE法则实际就是从消费者的角度出发, 关注消费者的"买点", 依据消费者的"买点", 来编写产品的卖点、产品广告语和营销话术。FABE法则的4个要素环环相扣, 如图3-3-1所示, 商品首先应具备属性, 其次具有作用, 才能带来益处, 最后再次进行客观证明, 主播按照这样的顺序来介绍商品和组织直播话术, 将更具有说服力。

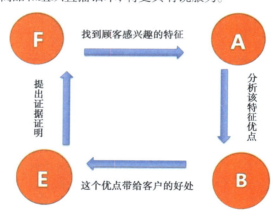

图 3-3-1　FABE 法则环环相扣

例如, 对于一款柔软的真皮沙发, 按照FABE法则组织直播话术, 可参考表3-3-1。

表3-3-1　FABE法则组织直播话术示例

商品	沙发
F	材质是真皮的
A	非常柔软
B	坐上去很舒服, 可以当床睡

续表

商品	沙发
E	顾客购买的证据
话术提炼	宝宝们，我们这款沙发是真皮的。真皮沙发有一个特点，就是非常柔软。坐上去超级舒服，我们办公室好几个同事坐完就不想走了，说可以当床睡。我说你们想当床睡就自己买一个回家，后来他们真的就一人买一个扛回家了

 做一做

运用FABE法则，根据表3-2-3中的内容，组织家纺旗舰店国潮抱枕的直播话术，填写在表3-3-2中。

表3-3-2　国潮抱枕的直播话术

商品	家纺旗舰店的国潮抱枕
F	
A	
B	
E	
话术提炼	

二、常用直播话术

一场完整的直播一般包括开场、引导关注、促转化、互动活动等环节，每个环节都涉及相关的话术，语言表达是否恰当、是否具有吸引力，将会影响直播效果。

1.开场话术

通常在正式开播前，主播都会进行5~10分钟的暖场，一般包含自我介绍、问好+引导关注、主题活动介绍和福利预告等。直播开场话术一般可以采用直白介绍、提出问题、抛出数据、故事开场、道具开场和借助热点这6种形式来进行。常用的直播开场话术示例见表3-3-3。

表3-3-3　常用的直播开场话术示例

序号	直播开场话术
1	Hello，大家好！欢迎来到××直播间，我是你们的××主播。没错，我又来了，感谢大家对我的支持
2	欢迎进来的朋友，不要着急马上走，点点关注不迷路，主播带你上高速
3	感谢来到直播间的粉丝们，我的直播时间一般是×点至×点，今天会有重磅福利哦！千万不要走开
4	关注人数达到××××，主播就要开始抽奖了，想要中奖的宝宝们赶快动动发财的小手指关注起来

视频片段1

视频片段2

 做一做

扫码观看视频片段，指出视频片段1和视频片段2中，分别采用的是哪种开场形式？
视频片段1属于＿＿＿＿＿＿＿，视频片段2属于＿＿＿＿＿＿＿。

2.引导关注话术

想要提高直播间的人气和粉丝数，就需要引导消费者关注直播间。例如，开播后、推荐产品前和直播结束前都需要频繁使用引导关注话术，反复提醒消费者关注直播间。常用的引导关注话术示例见表3-3-4。

表3-3-4 常用的引导关注话术示例

序号	引导关注话术
1	欢迎我们新进来的朋友，不要忘了上点关注下点赞，小黄车里转一转啊
2	关注主播不迷路，主播带你上高速。喜欢主播的可以分享直播间，爱你们哟
3	天苍苍，野茫茫，点点关注不迷茫；点赞不要停，赞出好心情；不买不要紧，了解好产品
4	感谢××的关注，还没有关注我们直播间的，赶紧点赞+关注，后期我们将会推出更多优质的产品和不同的福利等着粉丝宝宝们前来抢购哟
5	姐妹们，9.9元的价格买到就是赚到！记得点关注，一定要是粉丝才能去拍，点了关注的姐妹，赶紧拍1号链接，买到就是赚到
6	感谢各位宝宝的陪伴，喜欢××的宝宝们可以关注直播间，每天××点，××都会在直播间给大家带来不一样的惊喜哦，宝宝们不见不散！拜拜

 做一做

请在横线上再写一句引导关注的话术。

＿＿＿＿＿＿＿＿＿＿＿＿＿＿＿＿＿＿＿＿＿＿＿＿＿＿＿＿＿＿＿＿＿＿＿＿＿

3.互动话术

直播过程中，可以通过"扣屏"的方式活跃直播间，让观众参与进来，营造热闹的感觉。互动过程中，及时回答观众的问题，并且可以在线指导观众如何领取优惠券，而对于一些观众的吐槽和抱怨，也要及时安抚。

（1）问答互动

通过询问或回答观众问题，让观众作选择等话术，能快速提高观众的积极性，让观众参与到直播互动里。常用的问答互动话术见表3-3-5。

表3-3-5 常用的问答互动话术示例

序号	问答互动话术
1	宝宝们，可以说一下你们的皮肤是油性还是干性，有没有长痘痘，主播会给你们推荐合适的面膜哈
2	想看×号的扣1，想看×号的扣2

续表

序号	问答互动话术
3	这位××粉丝宝宝，我们家的××最低3斤起售，新粉可以先点个关注，领取3元无门槛优惠券，下单更优惠哟
4	没有不理哦，弹幕太多刷得太快，你可以多刷几遍，我看到一定会回的哦，不要生气哈

 做一做

请在横线上再写一句问答互动话术。

_____

（2）活动互动

除问答互动外，开展互动活动也是一种常见的互动方式。常用的活动互动话术见表3-3-6。

表3-3-6　常用的活动互动话术示例

序号	活动互动话术
1	想不想要一波半点福利？想要半点福利的宝宝，让"111"在公屏上飘起来，我看看有多少宝贝想要
2	所有下了单的宝宝们，在公屏上扣一波抢到了，我现在抽一个免单好不好？来，准备一下，5、4、3、2、1，截屏。我看看是哪位宝宝抽到了免单
3	新进来的宝宝，点击参与左上角福袋，福袋给大家发的是×××奖品，参与就有机会中奖；福袋还有×分钟就要开奖啦，千万不要走开
4	庆祝我们破×××万粉丝，不容易，让我们自己也庆祝一下！×××万粉丝特别的不容易，你看××上有多少×××万粉丝的，都是大明星，有多少粉丝是一直跟着我们的，来，弹幕扣一下，今天来到主播间的粉丝们，你们一直在陪伴着我们，非常感谢

 做一做

假设现在开展满2万赞，截屏送抱枕的活动，请写一句活动互动话术。

_____

_____

4.留人话术

想要提升直播间人气，重点就在于如何留住观众。直播留人一般通过直播福利放送和戳中观众痛点等方式吸引观众。常用的留人话术见表3-3-7。

表3-3-7　常用的留人话术示例

序号	留人话术
1	直播间的朋友们，××点半我们有发红包活动，××点半我们有个10元秒杀活动哦
2	有没有新进来直播间的宝宝，新进来的宝宝可以点一下左上角的"+"号，参加我们的红包抽奖！我们现在还有一分钟的倒计时，大家要抓紧赶上末班车，错过了"618"，不要错过我们的宝藏直播间

续表

序号	留人话术
3	来到我们直播间的小可爱们注意了，接下来我就要推出今天优惠力度最大的产品了，错过了要等一年哦
4	各位宝宝千万不要走开，马上给大家送福利；主播先介绍完这款产品，3分钟后马上抽奖；想要主播手里这款产品的，不要走开了，马上开价
5	××小姐姐，可以先关注主播，稍等马上为您试穿哦

 做一做

小组讨论，在横线上写一句留人话术。

_____

_____

5.促单话术

直播带货的最终目的就是促使消费者下单购买商品，以促进商品转化。促单话术是要打消消费者的顾虑，取得消费者的信任，可以重复强调产品的效果和优惠的价格。常用的促单话术见表3-3-8。

表3-3-8　常用的促单话术示例

序号	促单话术
1	这款商品之前在××平台已经卖了10万单了，好评如潮
2	这款××也是主播的自留款哦，我们家的老人、小孩特别喜欢吃
3	这款商品采用××材质，经过××认证，年产量只有×××，非常难得，品质绝对没问题
4	官方旗舰店是××元一只，今天在我的直播间，买1只，送1只，相当于花一份的钱，买了2份，活动只有这一次，真的买到就是赚到了
5	很多姐姐们后台私信我，一直想要××，今天就准备了，新老粉丝宝宝们都可以拍，但是由于库存有限，每人只能拍一个，价格非常优惠，这是我们为了回馈粉丝们特别推出的
6	我们原价是××元，门店价、官网价也是××元，但是今天你们来我们直播间，不要这个价，只要××元，买到就是赚到
7	今晚直播间，买一送一，相当于只要日常价格的一半

 做一做

小组讨论，在横线上写一句促单话术。

_____

_____

6.催单话术

很多粉丝在下单时会犹豫，这个时候主播就需要使用催单话术，营造稀缺感和紧迫感，刺激消费者下单。常用的催单话术见表3-3-9。

表3-3-9　常用的催单话术示例

序号	催单话术
1	先付先得、最后2分钟！最后2分钟
2	不用想，直接拍，只有今天才有这样的价格，是我好不容易申请到的，今天没买到就恢复原价啦
3	还有最后3分钟，没有买到的家人们赶紧下单、赶紧下单。时间到了我们就下架了
4	我们的库存只有50件，数量有限，如果你看中了一定更要赶紧下单，马上就要卖完了
5	宝宝们，本轮抢购限时×分钟哦，并且限购××份，卖完不再补货，不再返场了哟。各位宝宝还在犹豫什么呢，赶紧点击1号链接，进行抢购吧
6	拍到的宝宝赶紧付款，没有付款的我们只有踢掉了。踢一波人，倒计时3、2、1

 做一做

促单话术和催单话术有什么联系与区别？

_____

_____

7.收尾话术

在直播设计中，收尾话术是非常重要的一部分。它不仅可以让观众感受到主播的诚意，还可以促进下单，为下一次的直播做好铺垫。直播收尾话术一般包括直播预告式收尾、促进下单式收尾和引导式收尾。常用的收尾话术见表3-3-10。

表3-3-10　常用的收尾话术示例

序号	类型	直播收尾话术
1	直播预告式收尾	明晚7点开播，记得关注一下我们，点击头像上方加关注。10月12日是我们的服饰节，会有很多超值的好看的衣服带给大家，大家记得留意。最后再来抽一个奖，发"服饰节"，前五位我们送20号链接的保温杯，1、2、3，截屏，恭喜。明晚见，拜拜
2	促进下单式收尾	今天所有款式全部为大家试穿过了，错过前面介绍的可以去看一下回放，还没有拍的赶紧去拍，越早拍越早发货，现货数量不多，每一款只有三百到五百件，拍完了就没有了，拍完了只能拍预售款，就得等，等半个月，所以喜欢的家人们赶紧去拍。我们今天直播就到这里了，我们下次再见，拜拜
3	引导式收尾	主播马上就要下播了，还没领优惠券的家人赶紧领一下优惠券，再教一下大家怎么领券。首先，关注直播间。然后，点击屏幕左下方小红车，点开在爆款页面，点击领取，领券下单就OK了。最后，非常感谢大家对我的支持，大家晚安，再见

做一做

选择一种收尾话术形式，为家纺旗舰店直播间撰写一句直播收尾话术。

_____

_____

三、直播话术的注意事项

1.话术用词要规范

直播电商正朝着规范化的方向发展，一系列规范直播参与者行为的政策、法规、平台规范等相继出台。因此，直播话术要遵循平台规范，不能有违规词，不能夸大其词，以文明、礼貌为前提，既要让表达的信息直击用户内心，又要营造出融洽的直播氛围，做到诚信推品。

（1）极限词不能用

淘宝直播违禁词中有许多不能用的极限词，常见的极限词见表3-3-11。

表3-3-11　常见极限词表

序号	类型	词语列举
1	极限词	国家级、世界级、最高级、第一、唯一、首个、首选、顶级、最新、最先进、全网销量第一、全球首发、顶级工艺、极致、独一无二等
2	绝对化用语	最高、最低、最先进、最大程度、最新技术、最佳、最时尚、最受欢迎、最先等
3	虚假或者无法判断真伪的夸张性表述词语	100%、高档等

想一想

你还能想到哪些不能用的极限词吗？请补充在下方的横线上。

_____

_____

_____

（2）不文明用语不能用

淘宝直播违禁词还包括不文明的用词，包括"装逼""蛋疼"等有辱骂性质或人身攻击性质的词语，带有不文明色彩的词语。

（3）暗示性引导用语不能用

淘宝直播违禁词中的暗示性用语包括但不限于："点击有惊喜""点击获取""点击试穿""领取奖品"等。

（4）刺激用户下单的词语不能用

"再不抢就没了""错过就没机会了""万人疯抢"等这类为了刺激用户下单而夸张宣传的词语都属于违禁词。

（5）医疗宣传类词语不能用

主要是针对普通商品来说，如果用了疑似医疗类的用语，也属于违禁词类。包括但不限于"修复受损肌肤、活血、清热解毒、除菌、改善敏感肌肤、补血安神、驱寒解毒、调节内分泌、降血压、平衡荷尔蒙、消除斑点"等。

（6）封建迷信类词语不能用

不能使用"算命、保佑、带来好运气，增强第六感、护身、逢凶化吉、时来运转、万事亨通、旺人、旺财、助吉避凶、转富招福"等词语。

 做一做

你还能想到哪些违禁词呢？请根据表3-3-12中的违禁词类型，补充词语。

表3-3-12 违禁词

序号	类型	词语
1	不文明用语	
2	暗示性引导用语	
3	刺激用户下单的词语	
4	医疗宣传类词语	
5	封建迷信类词语	

2.话术要具有专业性

在推荐产品时，主播要能够从专业的角度出发，针对一个产品以及同类其他产品做讲解，并指导粉丝根据自己的情况选择产品。例如，服装类带货直播，可以通过对某件服装的专业搭配，以及服装材质、做工等专业讲解的话术来吸引粉丝下单购买。

3.话术要体现真诚

在直播中，主播真诚的态度和语言容易激发观众产生共鸣，提高用户黏性。真诚的直播话术可以重点关注以下三点：

（1）真心关心观众，了解他们的需求和关注点，提供相关的解决方案。

（2）与观众建立良好的互动，回答问题和解决疑惑，让观众感受到你的用心和真诚。

（3）适度地分享个人经验和感受，增加与观众的共鸣和情感联系，营造出真实的互动氛围。

 做一做

案例分析：在2019年9月的一场直播中，某头部主播将"阳澄状元蟹"介绍为"阳澄湖的大闸蟹"，并且多次宣称"是最好的，23年的老品牌"。但其实这些蟹虽然是湖蟹，但并不是"阳澄湖的大螃蟹"，而是某品牌的普通蟹。在这个案例中，主播话术违背了什么原则？发生这种事情的原因是什么？主播接下来应该怎么做？

_____

_____

_____

4.话术要口语化,富有感染力

高成交直播话术的重点是主播在介绍商品时,语言要口语化,同时搭配丰富的肢体语言、面部表情等,主播的整体表现具有很强的感染力,能把用户带入描绘的场景中。

某头部主播在形容口红产品的时候,通常都是采用口语化、富有感染力的语言。例如,"42号色,玫瑰森林,好洋气哦,老公看了肯定也会喜欢""25号色,时尚百搭,春天穿风衣涂它太配了""96号色,某某明星都用过,也很美"。

 做一做

针对家纺旗舰店的国潮抱枕,根据自己的理解,在表3-3-13中填写话术。

表3-3-13 国潮抱枕的话术

序号	话术类型	具体话术
1	开场话术	
2	引导关注话术	
3	互动话术	
4	留人话术	
5	促单话术	
6	催单话术	
7	收尾话术	

活动二 维护直播氛围

直播时,引导消费者互动十分重要,通过设置吸睛信息卡、派发购物优惠券、设置福利抽奖、设置限时秒杀等活动,能够提高直播的参与度,增加直播的趣味性,提高客户留存率,提升直播氛围。

 想一想

维护直播氛围的方法有哪些?维护直播氛围有什么作用?将答案填在下方的横线上。

_____

_____

_____

一、设置吸睛信息卡

信息卡是提高商家直播间效率的重要工具,主播在创建信息卡后,可以直观地向用户展示商品信息和店铺优惠信息,减少重复口播带来的时间损耗,为商品讲解留出更多的时间,从而促进购买转化。

信息卡分为文字信息卡(图3-3-2)和图案信息卡(图3-3-3),一般来说,图案信息卡比文字信息卡更有趣,更具个性化。信息卡一般展示主播基本信息、主题活动、优惠信息等,主播在设置信息卡时要考虑好大小和位置,在保证用户看清信息卡信息的同时,又不要遮挡主播,因此信息卡一般放在直播画面的顶端和两侧。

设置方法为：登录中控台→点击左侧导航"直播装修"，设置"前置贴片"和"主播信息卡"，将准备的宣传文案和促销图片，放到卡片上，就可以在直播间展示出来了。

 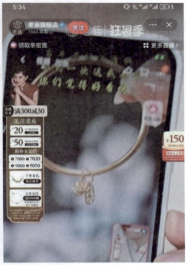

　　　图 3-3-2　文字信息卡　　　　　　　　图 3-3-3　图案信息卡

 做一做

根据直播间活动，在直播前制作促销图片，并在直播开播前，设置图案信息卡。

二、巧妙派发红包

为了活跃直播气氛，提高商品转化率，主播可采用派发购物红包的方式进行互动。派发红包可以分为4种形式，即红包雨、口令红包、宠粉红包和新客红包。

1.红包雨

用户关注主播即可参与。仅限主播直播间内无门槛核销使用，促进直播间的转化。红包领取前，支持人拉人分享，邀请好友一起抢红包。主播在开播前提前投放红包雨，红包标识会以倒计时开抢形式一直挂在直播间右上角，以便提前预热。红包雨用户界面如图3-3-4所示。

图 3-3-4　红包雨用户界面

主播可自行查询发放的实际核销金额：淘宝主播App→点击"智能数据助理"→输入"直播间红包雨核销""直播间红包雨成交"即可查看通过直播间红包用户的核销率和带来的成交数。

 做一做

在淘宝直播中，设置一场红包雨，红包总金额为100元，红包雨时间为10秒。

2.口令红包

主播在微博和微信等私域流量渠道发布红包口令，用户回到手淘、点淘输入口令直接领取红包，如图3-3-5所示。口令有效期：30天，口令红包过期7天内搜索仍可显示口令红包入口，点开提示红包已过期。红包口令不可设置敏感性词汇、主播不得使用其他主播的昵称作为口令。红包口令应控制在20个字符以内。评论区输入口令也能领红包，口令刷屏能增强互动体验，引导新用户跟风领红包促成交。

口令红包为随机面额红包，仅限在对应主播的直播间下单使用。口令的设置可以个人IP化或强互动宣传，但注意言简意赅，如×××今晚6点开播、×××今晚8点抢好物。

图3-3-5　口令红包发放效果

 做一做

请在开播前6小时，在淘宝直播中控台中，设置"口令红包"活动。要求：口令：876543，发放总量：200个，红包总面额100元，领用结束时间：10月1日，使用期限10月1日至10月2日。

3.宠粉红包

宠粉红包是直播间专属红包，可设置完成对应任务才可以领取红包，如关注主播、观看满30分钟等，如图3-3-6所示。宠粉红包仅限购买主播直播间宝贝口袋的商品，与直播间其他红包可以叠加使用，上限10个红包。宠粉红包可以和平台满减、秒杀叠加使用，未核销的红包可以原路退回到支付账号。

设置多维度、多阶梯度的领取条件，利用红包门槛，来提升直播间的关注、停留时长等互动，并有效为商品销售助力。

图 3-3-6　宠粉红包用户界面

 做一做

请在直播中，设置关注主播即可领2元的宠粉红包。

4.新客红包

新客是指365天未在该直播间下单的用户。若未关注主播，领取新客红包时要求关注主播，已关注不影响领取，不符合新客定义的用户不会展示该权益。新客红包最低3元，有效期仅支持设置为领取后15~180分钟内，如图3-3-7所示。过期未使用，同一用户24小时内无法再次领取，之后不影响。新客红包投放不绑定某场直播，如单次投放金额未在本场消耗完，仍会在下一场开播时生效，自动挂在直播间内，直至消耗完或取消投放。

图 3-3-7　新客红包用户界面

 做一做

若客户领取过新客红包，但是他没有在直播间买过东西，他下次还能领取新客红包吗？

三、设置福利抽奖

福利抽奖这种互动方式充满了乐趣，是调动消费者积极互动的有效方式之一。设置福利抽奖，与直播间用户互动，不但能够活跃直播间氛围，提升直播流量，还能通过用户拉新助力的方式产生裂变促进涨粉，提升用户直播间停留时长。用户在参与抽奖的同时可以帮助直播间提升分享、关注及亲密度的转化。福利抽奖的具体设置形式主要有4种，见表3-3-14。

表3-3-14　福利抽奖的具体设置形式

抽奖设置形式	说明	效果和作用
点赞抽奖	设置点赞抽奖时，可设置一定的点赞数，如每增加2万点赞抽奖一次。操作比较简单，但主播要具有控场能力，如正在介绍商品时，到达了2万赞，主播可与粉丝沟通，承诺此商品讲解完后就立刻抽奖	给粉丝持续的激励，提升其在直播间的停留时间；提高粉丝回访量，增加每日观看数量
问答抽奖	当主播在讲解一款产品的时候，依据产品详情页的内容，提出一个问题，让粉丝在宝贝详情页面找答案，然后刷屏回答抽奖	提高产品点击率，在粉丝浏览宝贝详情页寻找答案的过程中，提高其对产品的兴趣，提升了粉丝购买该产品的可能性，同时提高了粉丝停留时间。另外，粉丝在直播间刷屏回答互动时，提高了直播间的互动热度
分享抽奖	用户分享活动链接即可抽奖。用户参与活动后，需要在直播间等待开奖，中途离开抽奖资格将会失效	用户在参与抽奖的同时可以帮助直播间提升分享、关注及亲密度的转化
评论抽奖	主播设置想让用户在直播间评论的文案，最多16个汉字。用户参与活动后，需要在直播间等待开奖，中途离开抽奖资格将会失效	活跃直播间氛围，提升直播流量，还能通过用户拉新助力的方式产生裂变促进涨粉，提升用户在直播间的停留时长

做一做

根据以下案例进行分析，填写正确的抽奖形式。

案例1：某直播间推出发表评论"蓉蓉价格太给力了"，即可参与抽奖。该案例属于_____抽奖形式。

案例2：某直播间推出分享直播间链接到微信，即可参与抽奖。该案例属于_____
_____抽奖形式。

案例3：某直播间主播强调，点赞到10万抽奖送一个篮球。该案例属于_____
_____抽奖形式。

四、设置限时秒杀

为提升直播间少量商品限时限量抢购的氛围，可设置秒杀活动。直播秒杀玩法是淘宝平台提供给商家可自主在直播中控台设置商品报名参与的一种玩法工具，也称商家自建秒杀玩法。玩法折扣门槛为近15天最低到手价的5折。主播可设置秒杀时长为1分钟至8小时。

1.创建秒杀商品和活动

（1）登录中控台→单击左侧导航"直播互动"→"商品转化"→"限时秒杀"→单击"秒杀配置"，开始配置秒杀活动，如图3-3-8所示。

图 3-3-8　秒杀配置界面

（2）先配置秒杀活动，包括活动名称、秒杀时间，如图3-3-9所示。

图 3-3-9　秒杀活动编辑界面

（3）输入商品ID→单击搜索放大镜→添加并配置，如图3-3-10所示。

（4）可按照SKU维度或者批量配置秒杀详情，包括限购数量、秒杀库存、一口价，如图3-3-11所示。

（5）单击"发布秒杀"，将提示秒杀配置成功，如图3-3-12所示。

图 3-3-10　添加商品界面

图 3-3-11　商品配置界面

图 3-3-12　秒杀配置成功界面

2.管理秒杀活动

单击"秒杀活动管理"，展示已创建的全部秒杀活动，可添加秒杀品、取消秒杀品和追加库存。

（1）添加秒杀品。

在"秒杀活动管理"页面，单击"添加商品"，无需重复配置活动时间，如图3-4-13所示。

（2）取消秒杀品。

在"秒杀商品管理"页面，单击"取消秒杀"即可，如图3-3-14所示。

图 3-3-13 "秒杀活动管理"页面

图 3-3-14 "秒杀商品管理"页面

注意：商品在开秒前30分钟内，不可取消秒杀商品。

（3）追加库存。

①在"秒杀商品管理"页面，单击"追加库存"，如图3-3-15所示。

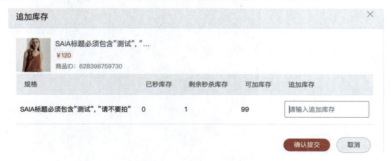

图 3-3-15 单击"追加库存"

②在"追加库存"页面中，填写追加库存的数量，如图3-3-16所示。

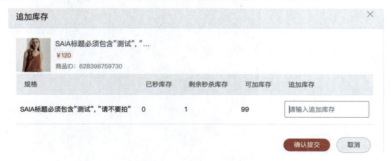

图 3-3-16 填写追加库存

③单击"确认提交"，提示"追加库存成功！"，如图3-3-17所示。

图 3-3-17　追加库存成功界面

在维护直播氛围的过程中，一定要注意直播营销活动应当全面、真实、准确地披露商品或者服务信息，保护消费者的合法权益。

 做一做

在淘宝直播中控台中，设置一场秒杀活动，秒杀商品为"家纺旗舰店国潮抱枕"，库存为100，秒杀价格为29.8元。

阅读有益

直播商品展示技巧

主播进行商品展示时，要遵循三个要素：

（1）能体现商品各角度的外观形象（展示）；

（2）能体现商品的使用方法（试用）；

（3）能体现商品的实际效果（真实）。

如口红类产品，可以这样展示：

①将口红置于镜头前，360°缓慢展示外观、口红图案等；

②涂抹手背进行色号展示，并上嘴涂抹；

③从不同角度向观众展示口红上嘴后的效果。

YUEDUYOUYI

活动三　处理直播突发情况

直播过程中难免会遇到各种突发情况，如直播中断、卡顿、观众负面评论等。如何应对这些突发情况也是衡量主播职业素养的重要指标之一。以下介绍3种直播间常见的突发状况及应对方法。

一、技术故障

直播中最常见的意外情况之一就是技术故障。技术故障可能是直播画面中断、直播卡顿、音视频不同步等问题。如果在直播的过程中遇到了这类情况，应该首先找出问题所在，并立即采取相应的措施进行处理。

1.直播中断

一般来说，造成直播中断的原因有两种：一是网络问题，二是直播内容违规，被平台处罚。若是网络问题造成直播中断，则应马上将直播间换到网络稳定的区域，重新启动直播就可以了。若是因为直播出现了违规内容被平台处罚而中断，则可以在"主播中心"→"违规记录"中查看违规原因，如图3-3-18所示，视具体情况寻找解决办法。在断播期间，可以拍摄视频或者在粉丝群发布消息，告知粉丝断播原因和恢复直播的时间。

图 3-3-18　查看违规记录界面

2.设备失灵

设备失灵是直播过程中常见的问题之一，如摄像头故障、麦克风损坏等，这些问题可能会导致直播效果不佳，比如卡顿、音视频不同步等。主播应该在直播前准备好备用设备，如备用摄像头、备用麦克风等，以备不时之需。在直播过程中，如果发现设备失灵，可以尝试更换备用设备或者调整设备设置等方式进行应对。

 做一做

如果主播正在直播，可突然停电了，该怎么办呢？

_____

二、商品问题

在直播中，商品出现问题主要包括价格问题和链接问题。

1.价格问题

（1）未保价。主播在直播间表明价格低于该款商品线下专柜价和线上旗舰店价，但客户购买后发现并不是这样，这样会引起客户的不满。为避免这种情况的发生，主播在与品牌方商谈价格时，要向品牌方争取近几个月的保价，品牌方确保该款商品在其他渠道的售价不会低于直播间的价格。

（2）客户购买商品时，付款价格与直播承诺价格不符。这种情况一般是客户未正确使用优惠券或红包支付导致的。这时，主播应示范如何领取优惠券或红包，以及如何使用优惠券和红包购买商品。

 做一做

案例：11月4日，某化妆品官方旗舰店直播间开卖的水乳套装为888元，而同款产品此前在某头部主播直播间的售价为1 140元。有消费者在11月4日看到888元的价格后，就对之前某头部直播间购买的链接申请了保价服务，彼时保价是成功的。但是该化妆品官方旗舰店在20分钟后，将水乳套装下架了，消费者保价失败。分析该案例说明了什么？发表以下你的观点。

_____

2.链接问题

链接问题是指直播中的上架商品链接出错、失效，或商品链接中的价格、优惠券标注错误等。处理这类问题，应先将商品链接下架，并向已下单用户表示歉意，为他们办理退款。主播在话术上做出调整，如"姐妹们，后台正在重新调整链接，我先给大家上一波福利吧……"，通过这样一个承接的话术，把用户的注意力转移到福利上面去，这样既能保住现在的用户，又为后台人员调整商品信息提供了的时间。

三、观众负面评论

虽然直播社区有规定禁止发布故意刁难、恶意攻击的言论，但在直播中，有时也不可避免会出现负面评论。

对于一些负面评论，主播可以采用技巧进行针对性回复。部分回复可参考表3-3-15。

表3-3-15　对于负面评论的回复

序号	负面评论类型	负面评论内容	主播回复
1	对福利活动表示怀疑	根本抢不到，假的吧	确实有福利，抢到的宝宝一定要在直播间扣抢到了，证明我们的福利是真实存在的。没有抢到的宝宝也没关系，这轮没抢到下一轮咱接着抢，下一轮没抢到的，下下一轮还可以再抢，留在直播间你总会抢到的
2	负面反馈商品质量问题	用了你们家彩妆，烂脸了，垃圾货	一看就是恶意抹黑我们的，直播间的老粉宝宝们，来一波反馈，告诉大家我们的产品到底好不好用
3	对主播人身攻击	主播真丑	小时候总听别人对我说："现在长得不好看没关系，过几年长开了就好看了。"十几年过去了，我没有长开，但是想开了。我丑不要紧，咱家商品好就行

对于非常恶意的评论，我们可以合理使用限言工具来应对。能够在直播流中自动屏蔽敏感词及不良评论，也可以设置黑名单，禁止该观众评论，避免对直播及观众带来的负面影响。

 做一做

如果主播正在讲解商品时，有观众评论"主播今天戴的耳环好好看，求链接"，然后很多观众跟着刷"耳环链接"。这时，主播该如何回复？请你将回复内容填写到下方的横线上。

阅读有益

直播评论秩序管理方式

直播间可以通过两种方式来进行评论秩序管理，即屏蔽敏感词和设置黑名单。直播间的敏感词主要包含政治敏感词、迷信邪教、黄赌毒、枪支弹药类、骂人讽刺类、时事类、广告和非法信息等。同时，主播可以结合产品特性和互动技巧，设置动态敏感词，引导直播间气氛。

对在直播间内恶意评论的人员设置黑名单，是进行直播间控评最有效的方式。但不要轻易拉黑粉丝，避免粉丝因被拉黑，对主播团队进行恶意报复。直播团队应优先通过敏感词信息过滤，来把握整场直播的气氛和秩序。

YUEDUYOUYI

活动四　管理观众评论

在淘宝直播的时候如果遇到观众的不良言论、恶意广告等影响直播间秩序，该怎么办呢？为了帮助淘宝商家、带货主播解决这个问题，淘宝推出了"直播评论工具"，主播可以通过评论工具，对某些关键词进行屏蔽，或者直接禁言用户。

一、直播评论工具使用规则

1.工具使用基本要求

（1）直播评论工具的使用主要是关键词屏蔽和禁言用户。

（2）平台仅支持主播设置人身攻击类、辱骂、团伙性恶意评论和广告引流的关键词，不支持对普通观看者负面的评价做关键词拦截，如"质量不好"。

（3）设置管理直播评论时，不能影响正常用户在直播间的评论自由。

2.获取工具使用权

直播评论工具目前为定向邀约制，收到邀约信息后需了解使用规则，并在指定时间内完成考试，通过后平台会为账号开通工具权限。

3.违反要求的后果

（1）在主播设置不符合要求的关键词或根据场景禁止了正常合理用户评论后，系统会自动取消主播设置的关键词或用户，并进行主播提示，提醒该行为不符合要求。

（2）每个人有4次被提醒的机会，第五次提醒后，平台会收回该主播的工具使用权限。

（3）主编违规被收回权限后，针对后续类似产品的使用和试用，都会被取消资格。

二、直播评论工具操作介绍

1.直播评论工具入口

登录淘宝直播中控台，选择"体检中心"，可以进行屏蔽关键词和禁言用户的操作。

2.屏蔽关键词

（1）设置须知：最多只能设置30个关键词，且每个关键词的长度为2~7个字，输入字符必须是中文、英文和数字，其他不生效，若设置的关键词超出30个，则全部设置不成功，需要手动删除多余的关键词。

（2）添加屏蔽关键词：可以手动输入关键词，或选择算法推荐的关键词，如图3-3-19所示。

图 3-3-19　输入屏蔽关键词

（3）取消屏蔽关键词：在已屏蔽关键词页面，找到需要取消的关键词，单击删除标志即可直接删除，如图3-3-20所示。

图 3-3-20　取消屏蔽关键词

3.禁言用户

（1）禁言操作：用户弹幕的右下角有"单场禁言"和"永久禁言"按钮，单击"单场禁言"即可完成该场直播的禁言，单击"永久禁言"即可完成对该用户的永久禁言。

（2）取消禁言：勾选用户，单击右侧的删除图标，即可完成用户禁言的取消，包括取消单场禁言和取消永久禁言，同时支持批量删除，如图3-3-21所示。

图 3-3-21　取消禁言

阅读有益

　　网络直播平台在主播、嘉宾、直播对象的选用上要严格把关，坚持把政治素养、道德品行、艺术水准、社会评价作为选用标准，对政治立场不正确、违反法律法规、违背公序良俗的失德失范人员坚决不用。网络主播应坚持健康的格调品味，自觉摒弃低俗、庸俗、媚俗等低级趣味，自觉反对流量至上、畸形审美、"饭圈"乱象、拜金主义等不良现象，自觉抵制有损网络文明、有悖网络道德、有害网络和谐的行为。

YUEDUYOUYI

【1+X 实战演练】

第一部分　理论测试题

一、单项选择题

1.产品卖点的提炼公式是：卖点=（　　）+带来的体验+使用场景。

A.产品特点　　　　　　　B.产品名称　　　　　　　C.产品型号　　　　　　　D.产品概述

2.以下不属于直播促单制造稀缺感的方式是（　　）。

A.不断提醒用户限时限量　　　　　　　B.提醒用户价格优惠力度

C.价格对比　　　　　　　D.塑造争抢氛围

3.借势传播中,哪些"势"不可借?(   )

A.娱乐内容   B.明星   C.社会新闻   D.政治事件、宗教

二、多项选择题

1.当直播间评论区留言数量较多时,主播助理应筛选出的问题包括(   )。

A.打卡   B.这个产品有什么优惠吗

C.这个产品适合多大的宝宝   D.主播露脸啊

2.关于产品卖点的说法正确的有(   )。

A.产品卖点是告诉用户产品有什么功能

B.产品卖点是告诉用户使用产品可以满足受众什么需求

C.产品卖点是仅仅描述产品特点

D.产品卖点是告诉用户产品可以带来哪些实际利益

3.在直播前撰写脚本时需要注意搜集产品素材,包括(   )。

A.产品价格   B.优惠力度   C.功能参数   D.产品特点

4.在直播前撰写脚本时需要准备一些话题素材,以下说法正确的有(   )。

A.话题应结合主播人设   B.话题应结合粉丝偏好

C.话题可用来活跃气氛   D.话题需要能有效提升粉丝活跃度

5.直播策划人员应具备的基本素质包括(   )。

A.敏锐洞察力   B.调查研究能力

C.善思而行   D.包容严谨

6.在直播过程中,当评论区有打商业广告、"挖人""带节奏"等影响直播间氛围的情况发生时,直播团队可采取的应对方式有(   )。

A.与对方激烈争论   B.设置黑名单   C.设置屏蔽词   D.直接拉黑粉丝

7.以下关于直播脚本素材搜集的说法正确的有(   )。

A.主播在直播前一定要准备一些话题来活跃气氛

B.话题要结合主播人设与粉丝偏好

C.提前在脚本中注明产品的价格、优惠力度、功能参数

D.产品类素材可找供货商索要

8.以下属于直播话术的有(   )。

A.买到就是赚到

B.今晚直播间,买一送一,相当于只要日常价格的一半

C.再不买就没了

D.3秒就抢完了,没有抢到的宝宝不要灰心,在我们后面的秒杀中加油

三、判断题

1.一份逻辑严密、条理清晰的直播脚本可以使直播活动成功完成。(   )

2.小陆认为直播的硬件设备每天都在用,无须做检查。(   )

3.直播团队在敏感词设置过程中,对在直播间打广告的用户进行屏蔽、拉黑处理。(   )

4.直播间遇到网友恶意起哄等行为,直播助理可对其设置禁言。(   )

5.广告不属于直播间的敏感词。(   )

6.助理需在直播前将待播品的规格、价格等核实清楚,避免出现讲解错误等情况发生。

(   )

四、简答题

1. 直播脚本有哪些基本要素?

2. 什么是FABE法则?

3. 请在 ☐ 中补充直播带货的基本逻辑。

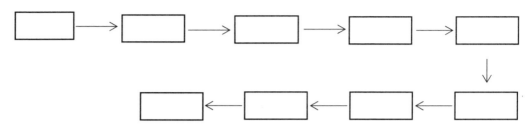

第二部分　操作题

1.某公司主营各类坚果和零食,"双十一"大促即将到来,公司决定在"双十一"当天开展时长2小时的直播活动。

(1)以小组为单位,在天猫平台搜索主营坚果类的店铺,收集店铺的产品信息。请将收集到的信息记录在下面的横线上。

_____

_____

(2)根据所在学校的人员和环境等因素,小组成员讨论后,完成可行的直播方案表。

直播方案表

因素	方案
直播目的	
直播概述	
人员安排	
时间节点	
费用预算	

2.某工作室正在开展"电商助农"直播项目,希望能通过直播平台把偏远乡镇的优质农产品推广出去。4个小伙伴加入了农产品(××浓香菜籽油)直播项目组。结合营销主题和农产品特点,利用淘宝直播平台开展一场1小时的直播,体验带货直播的实施过程,检测对知识的掌握情况。

(1)组建直播团队,根据直播工作流程进行团队分工(部分工作可兼任),填写下表。

直播工作任务分工表

序号	工作内容	团队职位	成员姓名
1	主导宣传推广的实施	宣传推广员	
2	主导直播物料的采购与准备	直播物料员	
3	负责管控摄像头、灯光等设备	设备主管	
4	负责产品直播工作	主播	
5	协助主播开展直播工作	助播	
6	管控直播间中控台	场控员	

（2）小组讨论，撰写一场时长为1小时的单品直播脚本。

单品直播脚本表

序号	产品宣传点	具体内容
1	产品主图	
2	产品链接	
3	品牌介绍	
4	消费者痛点	
5	商品卖点	
6	使用场景	
7	直播利益点	
8	日常价	
9	活动价	
10	注意事项	

◆ 项目评价

评价要素	评价内容	配分/分	得分/分
遵守纪律	不迟到早退	10	
学习态度	学习态度端正	10	
基础礼仪	仪表仪容干净	10	
	礼貌用语，微笑服务	10	
岗位技能	能根据社会热点准备直播脚本	10	
	能熟悉并运用直播活动机制	10	
	能设置直播间的违禁词	10	
	能根据直播内容与时长准备直播素材	10	
	能撰写单品和整场直播脚本	10	
	掌握直播常用话术，能流畅开展直播	10	
整体评价	90分以上为"优秀"等级； 76~90分为"良好"等级； 60~75分为"合格"等级； 60分以下为 "不合格"等级		

项目四
新媒体电商平台账号运营

【项目概述】

新媒体运营，是通过现代化移动互联网手段，以高度传播性的内容和线上活动，向客户广泛或者精准推送消息，提高参与度和知名度。李琳同学还想系统学习电商平台账号的运营，于是继续向经理请教。经理告诉李琳同学："新媒体账号运营需要清楚运营中的引流渠道及方法，明确各个平台的文案编辑及发布要求，这样才能充分利用粉丝经济，达到相应的营销目的。"

【项目目标】

知识目标

+ 了解新媒体各平台的引流方式；

+ 了解新媒体文案撰写方法；

+ 了解短视频拍摄的流程；

+ 了解直播预告图的设计元素。

技能目标

+ 能根据FABE法则分析产品信息；

+ 能根据社会热点撰写吸人眼球的文案；

+ 能完成短视频的拍摄和剪辑；

+ 能完成直播预告图的设计与制作。

思政目标

+ 培养不夸大宣传、诚信推广的素养；

+ 培养遵守相关法律法规的意识。

【项目导学】

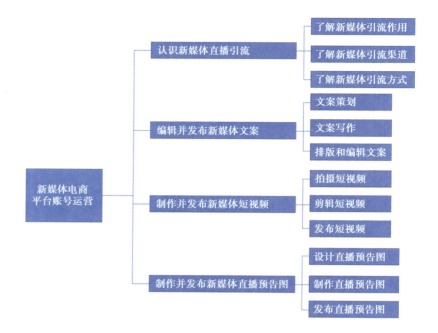

［任务一］

认识新媒体直播引流

◆ **任务描述**

　　"经理,我们做直播为什么要经营新媒体电商平台账号呢?"李琳同学问道。经理说:"目前,市面上的新媒体电商平台数不胜数,消费者们喜欢的平台各有不同,我们通过在多个渠道发布产品信息,形成合围之势,每个流量点都能接收到渠道的输出内容,能够为我们的产品吸引更多的流量。主要的新媒体平台有微博、微信、知乎、小红书、抖音等,呈现形式通常分为文字、音频、视频等几大类,我带你一起去了解吧。"

◆ **任务实施**

活动一　了解新媒体引流作用

　　传统的企业运营引流形式多属于地推,成本高、效率低,对用户画像的获取片面且转化率低。新媒体引流能够做到覆盖面广,精准挖掘用户画像,有效将公域流量转为个人或企业的私域流量,更精准地提升转化率,因而商家使用新媒体引流是十分必要的操作。

一、宣传推广作用

在传统的营销渠道中，人们进行宣传推广采用发传单等形式，这样的推广方式针对性不强，推广面窄，效果并不理想。在新媒体平台中，个人或者企业进行内容营销可以增加曝光度，能够触达更多的人群，更直观地展示产品的功能等信息，直击用户从而实现品牌宣传和销售的目的。

例如，通过抖音平台进行付费推广，用户在平台中就会刷到推广广告，以此来进行宣传和销售，如图4-1-1所示的洗鞋店通过付费方式在抖音平台进行精准推广。如图4-1-2所示，也可以利用私域账户进行宣传推广，小红书个人账号"KK穿搭分享"使用自己的账号在小红书平台分享服饰，进行展示销售。

图 4-1-1　利用公域抖音平台推广　　图 4-1-2　利用私域个人账户推广

二、精准获客作用

通过各个新媒体平台的宣传推广，吸引目标用户的关注，获取用户画像信息，让企业能够清楚掌握目标用户的喜好、习惯等信息，进行精准营销。根据用户画像制订产品内容策划，为不同的目标客户匹配合适的内容，并通过他们喜欢的方式和渠道进行触达，增强互动性，提升用户黏性，让看见内容的用户变成潜在客户，为后期转化做准备。精准获客各个阶段的内容示意图，如图4-1-3所示。

图 4-1-3　精准获客各个阶段的内容示意图

图 4-1-4　美团外卖微信小程序

三、提升转化作用

通过新媒体引流能够实现精准内容推送，获取目标用户，有效地将公域流量转为个人或企业的私域流量，并把吸引的目标用户转化为付费用户，以此提升产品转化率。例如，美团外卖进驻微信小程序，在微信中推出了"美团外卖"小程序，用户可以在微信中直接下单，无须下载App，大大提高了用户体验和转化率，如图4-1-4所示。

 做一做

同学们，你觉得新媒体平台引流还有哪些作用呢？请将你的观点写在下面的横线上吧。

活动二　了解新媒体引流渠道

目前市面上成熟的新媒体平台众多，有微信公众号、微博、今日头条、抖音、小红书等。新媒体的引流渠道可分为公域渠道和私域渠道，找准自己产品的引流渠道很重要。我们要清楚平台的定位、属性、用户、特点等信息，明确各个平台适合运营什么内容来提升互动和转化。

一、公域渠道

公域渠道中，从功能上分主要有三大类平台：视频类、社交类、图文类。随着时代的变化，视频平台越来越受到大众的喜爱，部分新媒体人会将引流渠道着重放在视频平台，如抖音、快手、B站等；人具有社交属性，日常生活中会经常使用社交平台，社交平台已经是人们日常生活中的重要组成部分，社交平台主要有微博、小红书、豆瓣等；图文平台主要有今日头条、百家号等。公域渠道的引流点主要集中在文章、图片、视频、问答、评论等，见表4-1-1。

表4-1-1　新媒体公域引流渠道

渠道	类别	平台	引流触点	用户	适合项目
公域渠道	视频类	抖音	账号背景墙、简介、视频、评论、小店	用户数量庞大，覆盖人群广泛	搞笑剧情、直播电商、品牌传播、本地生活等
		B站	账号签名、视频及介绍、评论弹幕、动态	年轻人、大学生为主	学习教程、搞笑视频、游戏推广、知识科普等

渠道	类别	平台	引流触点	用户	适合项目
公域渠道	社交类	小红书	直播、笔记、视频、评论	用户黏性较强，女性占比70%	成长提升、减肥健身、美妆穿搭、知识教育、宠物等
		新浪微博	图文、粉丝聚集地、评论	用户黏性较强，男女比例均衡	新闻八卦、减肥健身、美妆穿搭、知识教育、宠物等
	图文类	今日头条	文章、评论	男性占比偏高，年龄层较高，消费能力和用户黏性强	新闻、科技军事、搞笑娱乐、机械装修、渔具海钓……

二、私域渠道

私域渠道主要包含各个平台的公众号、视频号、小程序、社群、朋友圈、官网等。私域渠道可以通过推文、短视频、直播、活动、付费推广等形式展开引流。私域渠道引流需要注意账号名统一、持续输出优质内容、写好个人简介。私域渠道的引流点主要有文章内容、简介、评论、私信、粉丝群等，见表4-1-2。

表4-1-2　新媒体私域引流渠道

渠道	平台	引流触点	用户	适合项目
私域渠道	微信朋友圈	私聊、朋友圈、视频号、评论互动	用户黏性大，变现能力强	产品信息、好物分享
	公众号、小程序	图文、产品	目标人群清晰	品牌营销、好物分享
	社群	群聊互动	目标人群精准	提供满足客户需求的产品和服务

续表

渠道	平台	引流触点	用户	适合项目
私域渠道	自媒体账号（抖音、快手、小红书、微博等个人账号）	私聊、粉丝群聊、视频、图文信息、评论互动	目标人群精准，用户黏性强，变现能力强	提供满足客户需求的产品和服务

活动三　了解新媒体引流方式

新媒体时代，流量是各个品牌争抢的关键，习得引流的方式是新媒体人必须掌握的能力，基本的引流方式主要有自媒体层面引流、社交层面引流、商务合作层面引流。

一、自媒体层面引流

将优质产品发布在自媒体的各个平台中，定期在各种平台中发布内容更新，从内容策划、标题封面、话术引导、借助热点等方面进行有效思考，让客户从你输出的内容中感受到价值，提高推荐量和阅读量，增强产品流量。如某自热火锅在不同平台中都定期发出相关内容文案，进行粉丝维护和流量引入，如图4-1-5所示，某自热火锅在抖音平台、小红书平台、微信公众号平台通过官方账号发送推文引流。该种引流方式需要定期定时产出优质内容，才能吸引更多流量，优势是免费。

抖音平台　　　　　小红书平台　　　　　微信公众号平台

图 4-1-5　某自热火锅在自媒体平台引流

二、社交层面流量引入

品牌引导用户将产品的优质内容分享至各个社交平台，这是直接有效的流量。提升用户分享的措施，可以设置分享有奖活动，如体验会员、满减红包、赠送礼品等。图4-1-6是某自热火锅品牌在平台中发布赠送火锅和小风扇的活动，要求粉丝评论、点赞、关注、转发的四连操作，即可有机会获得免费福利，引导粉丝推广和引入流量。图4-1-7是消费者在活动文案下方积极评论、主动点赞、关注、评论、分享，为品牌进行宣传引流。该种方式成本较低，但需要花费时间、精力维护粉丝和推广活动，才能引入流量。

图 4-1-6　品牌活动　　　　　　图 4-1-7　粉丝评论分享

三、商务层面流量引入

商务层面流量引入的方式多种多样，我们需要根据需求进行引流方式的选择，主要有以下几种方式。

1.购买平台流量

运营自己的账号，为新发布的内容付费购买平台流量，如抖音的抖+、小红书的小红薯等，助力产品的宣传与推广并逐渐积累私域流量。图4-1-8是抖音付费推广界面，可根据预算和计划进行推广类型、推广金额等条件的设置，以达到预期的流量引入。图4-1-9所示是小红书付费推广中的加热规范，提醒大家要遵守法律法规、平台规则，要规范、诚信地进行产品营销。

2.合作推广

可以找到各个平台中粉丝基数大的KOL（关键意见领袖）合作宣传引流。这种流量引入方式，需要将产品与内容很好地结合，内容与产品属性越接近，它的效率和转化率就会越高。如某自热火锅和知名厨师合作，让厨师亲自推荐自热火锅的做法、特点并试吃，将厨师的身份与火锅美食产品很好地结合，达成了93万点赞的高人气流量，是很好的合作案例，如图4-1-10所示。

图 4-1-8　抖+（付费推广）　　　图 4-1-9　小红书薯条推广（推广规范）

图 4-1-10　某自热火锅与 KOL 合作案例

3.广告展示

在各个新媒体平台付费投放开屏广告、插入广告等，此种方式价格较高，需要精准投放，能让引流最高效。图4-1-11是麦当劳品牌在小红书App中投放的开屏广告，点开小红书App，会出现3秒左右的开屏广告，可以选择跳过，或者点击画面了解广告详情；在短视频平台、图文平台中，会穿插付费宣传广告。图4-1-12是抖音平台中穿插的咖啡广告，可以起到宣传推广效果。

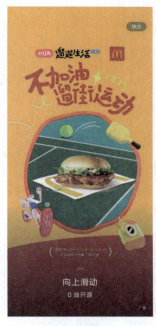

图 4-1-11　微博开屏广告

图 4-1-12　抖音视频广告

 做一做

　　家纺旗舰店直播间打算推出一款居家国潮抱枕，想利用新媒体平台引流，请你帮助李琳制作一份引流计划表吧，将计划填写在表4-1-3中。

表4-1-3　新媒体引流计划表

产品	引流渠道	引流方式	选择原因
国潮抱枕			

[任务二]

编辑并发布新媒体文案

◆ **任务描述**

通过经理的讲解，李琳同学了解到一篇结构完整且有创意的文案是新媒体平台引流的关键。经理告诉李琳："撰写新媒体文案需要先进行文案策划，再开展文案写作，确定内容后根据平台进行排版编辑，最后掌握平台规则对文案进行发布。"

◆ **任务实施**

活动一　文案策划

撰写新媒体文案之前，一定要对宣发的产品进行整体的文案策划。文案策划需要明确产品的卖点、了解用户的需求、寻找市场热点，将以上三者结合起来，为文案撰写提供内容素材。

一、挖掘产品卖点

采用FABE法则提炼卖点，能够更加全面系统地挖掘产品的卖点。其中，F（Features）指产品特点，主要从产品的结构、外观、材质、功能、工艺等角度传达产品本身固有的特点；A（Advantages）是指产品的优势，优势是站在产品的角度，从产品的技术、功能、工艺、造型等方面传递产品本身固有的优点；B（Benefits）是指好处和利益点，是站在消费者生活场景衍生出来的卖点，即告诉消费者产品可以满足他们某方面的需求，回答了"产品能为顾客带来什么好处"；E（Evidence）是指证据，是向顾客证实产品特点和优点的真实性，如现场演示、顾客体验、技术报告、证明文件等，是属于客观性、可靠性、可见性的。FABE法则案例解析见表4-2-1。

表4-2-1　自热火锅采用FABE卖点提炼法

法则	产品	内容
F（特点）	海底捞 自煮火锅 麻辣嫩牛435g　能量牛肚435g　番茄牛腩365g	速食自热、火锅、知名品牌、麻辣、嫩牛肉、15分钟、肉质紧实、食材新鲜、荤素搭配……
A（优势）	香辣素食400g　麻辣小酥肉275g　番茄小酥肉275g	安全(外盒防烫、加强筋强化盒盖结构，盒盖内扣防烫，模拟锅耳设计)；多种口味（辣度自选）；冻干技术锁住食材营养和口感；配料丰富……
B（好处）		方便、快捷、加班、宅家方便自煮……
E（证据）	酸辣鸡杂310g　香辣肉丸272g	冻干技术、包装设计证书（安全防烫设计、蒸汽循环）

 做一做

请你充分调研鸳鸯喜字婚庆抱枕产品，分析产品卖点，将卖点填写在表4-2-2中。

表4-2-2　鸳鸯喜字婚庆抱枕卖点分析表

	FABE 法则	特点：
		优势：
		好处：
		证据：

二、发掘用户需求

思考目标用户的需求，以及目标用户有哪些需求未被满足。可以把自己当作用户，思考自己感兴趣的内容，什么样的内容能吸引自己，但这样思考难免不够全面，所以也可以借助思维工具——马斯洛需求层次进行需求分析。

马斯洛需求层次主要分为生理需求、安全需求、爱与归属需求、尊重需求、自我实现需求。其中，生理需求包括呼吸、空气、水、住所等需求，大致相当于衣食住行；安全需求包括个人安全保障、财产安全等，这些也相当于我们常说的生老病死，属于保障范畴；爱与归属需求包括亲情、友情、爱情、社会归属等，就是人类的情感寄托；尊重需求包括自尊、自信、外部评价、信赖、威望、地位等；自我实现需求也是最高层次，可以理解为实现个人理想，发挥个人能力到最大程度。以国产运动品牌为例，从5个角度分析产品能达到的用户需求，如图4-2-1所示。

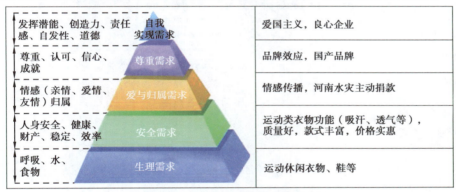

图 4-2-1　国产运动品牌需求分析案例

 做一做

请你充分调研鸳鸯喜字婚庆抱枕产品的市场需求，运用马斯洛需求层次思维方式分析该产品的用户需求，并将需求填写在表4-2-3中。

表4-2-3　鸳鸯喜字婚庆抱枕需求分析表

	马斯洛 需求层次	生理需求：
		安全需求：
		爱与归属需求：
		尊重需求：
		自我实现需求：

三、寻找市场热点

1.学习竞品的爆款文案

收集竞品资料,收集产品细分类目Top10的产品,可以在天猫榜单中搜索热销榜、好评榜,把Top10的产品文案整理成表格,可以将文案拆分为:品牌、产品名称、SKU单价、主卖点(1句话)、信任背书、产品评价。分析竞品的选题、文案风格、内容等,为撰写产品文案做铺垫。

2.借助媒体热点事件

利用热点数据选题,在各新媒体平台寻找热点信息,如微博热榜、抖音热榜等,如图4-2-2所示。常浏览各平台热榜内容,找准符合产品的热点信息,结合热点撰写产品文案,更容易获得免费流量加持。

图 4-2-2　微博、抖音热榜

> **阅读有益**
>
> 挖掘产品卖点除了可使用FABE法则外,还可以利用各个平台进行搜集和测试,能够更大范围地搜集到产品相关信息和卖点,可采用以下方式。
>
> (1)官方渠道:在线客服入口、官方讨论组、用户评价、官方社群、官方自媒体。
>
> (2)粉丝爱好集散地:小红书、短视频平台等。
>
> (3)主动发起产品的调查问卷。
>
> (4)竞争对手阵地:运营手段观察、用户口碑观察、功能更新观察等。
>
> (5)社交平台挖掘:观察用户在社交平台上发布的内容,分析用户喜好。
>
> (6)关键词指数:百度指数、阿里指数、微信指数、搜狗指数等。将搜集的产品关键词放入百度指数中,可以查看需求图谱、人群画像、地域分布、兴趣分布、搜索指数等。
>
> YUEDUYOUYI

活动二 文案写作

了解爆款文案的背后逻辑，爆款文案一般会采用4个法则：标题抓人眼球、激发购买欲望、赢得读者信任、引导马上下单。

一、标题抓人眼球

（1）新闻社论标题：新闻主角（热点事件）+及时性词语（2023年、这个夏天）+重大新闻常用语（新款、曝光、风靡等）。

（2）好友对话标题：口语词+你+惊叹词。

（3）实用锦囊标题：具体问题+圆满结局或者破解办法。

（4）惊喜优惠标题：产品亮点+限时限量+具体优惠。

（5）意外故事标题：①糟糕开头+完美结局（顾客证言）；②反差+学历+年龄+境遇（创业故事）。

 做一做

请你看看以下标题，将其使用的写作方法写在后面的横线上。

（1）北大高材生回乡卖猪肉！ ＿＿＿＿＿＿＿＿＿＿＿＿＿＿＿＿

（2）网上热门的设计师包包，居然只要29元！ ＿＿＿＿＿＿＿＿＿＿＿＿

（3）喷嚏打不停，鼻涕流不止，丝瓜根帮你解决！ ＿＿＿＿＿＿＿＿＿＿

二、激发购买欲望

1.感官占领

假设自己是顾客，正在使用产品，描述顾客的眼睛、鼻子、耳朵、舌头、身体、心理的直接感受，用充满激情的文案感染顾客。如图4-2-3所示的文案充分调动感官，描述服饰的触感、观感及上身整体感受，以此激发消费者购买欲望。

图 4-2-3　感官占领案例

2.表达恐惧诉求

恐惧诉求指运用敲警钟的方法，描述出让人恐惧或者害怕的场景，唤起人们的危机意识和紧张心理，促成顾客的购买行为，这是一种常见的说服方法。恐惧诉求在产品文案中的使用通常有省事型、预防型、治疗型3种类型。

（1）省事型：洗碗机案例，人生短短几十年，居然洗碗就要用两年，两年可以做多少喜欢的事，为什么要把自己困在厨房，安排一个洗碗机，你就比别人多出两年自由的时间。

（2）预防型：抽纸案例，你以为用纸巾擦嘴就干净了吗？你可能还会不小心因此染上疾病！黑心商家会低价收购废弃纸张，特殊处理后变成你手上正在使用的纸巾。正规产品从源头采用合格材料，制作杀菌，层层质检把关后，才能送到你手上。

（3）治疗型：祛黑头产品案例，听说草莓最大的心愿是把黑头去掉，你呢？黑头长期存在会撑大毛孔，引起炎症，油脂分泌失调，使用温和的鼻贴，乳化油脂，收敛毛孔，还你细腻干净好皮肤。

写作方法：痛苦场景（具体清晰）+严重后果（难以承受）+解决方案（产品）。

3.展开认知对比

该方法通常使用在成熟类的产品上，直接说出产品的对比优势。图4-2-4所示的案例将戒指进行直观的对比，并描述产品的差异，突出自家产品的优势。（注意客观公正阐述产品性能特征，要诚实守信）

写作方法：①描述竞品：产品次、利益少；②描述我们：产品好、利益大。

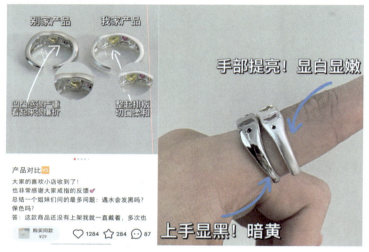

图 4-2-4　认知对比案例

4.利用多场景描述

洞察顾客一天的行程，思考顾客在工作日、周末分别会做什么，把产品巧妙地植入到顾客日常生活的场景里。

写作方法：提前预测顾客的安排，运用多场景激发顾客的购买欲。

5.使用畅销宣传

心理学实验证明，70%的人受从众心理影响，利用人们的从众心理，明示或暗示产品的畅销，不但能激发用户的购买欲望，也能赢得用户的信任。图4-2-5展示的文案中有"被问爆的粉色耳钉终于到货了""逢穿必被问链接"等词语，以热销的现象营造火爆氛围，体现产品的受喜爱程度。

写作方法：品牌、大企业可以列出产品销量、用户量、好评数据等体现行业领导者的地位，中小企业可以描述产品热销的局部现象，如卖得快、回头客多或产品被同行模仿，营造火爆的氛围。

图 4-2-5　畅销案例

6.顾客证言

从顾客的反馈评论中挑选击中用户要害的核心需求，让顾客的口碑去激发新用户的购买欲望，增加信任度。

 扫一扫

请扫描二维码观看案例，将案例中激发用户购买欲望的语句写在下面的横线上。

_____

_____

三、赢得读者信任

（1）权威转嫁：权威奖项、权威认证等。

（2）事实证明：可以用实验证明产品的真实性能，客观公正展示产品卖点等。

（3）化解顾虑：将可能产生的问题前置，主动提出消费者可能担心的产品问题、服务问题、安全隐患等，并给出解决方案，让顾客放心。

案例

 扫一扫

请扫描二维码观看案例，将案例中赢得读者信任的语句写在下面的横线上。

_____

_____

四、引导马上下单

（1）价格锚点：主动告诉顾客产品平时的昂贵价格，再展示直播间的低价，用户就认为产品价格优惠。

（2）算账：①当产品价格高昂，可以将价格平摊到每天，算出每天价值多少，使顾客感到便宜；②省钱，购买产品可以节省或者代替其他消费，使用产品后能为顾客节约多少；③正当消费，购买产品能够提升能力、锻炼身体等。

（3）限时限量：给予顾客限时限量的消费紧张感，促使顾客尽快下单。

各类文案范例解析见表4-2-4。

表4-2-4　文案范例解析

法则	洗碗机冠军单品文案	分析	总结
标题吸人眼球	缺一台洗碗机，你的人生含金量下降3%	好友对话+恐惧诉求	文案中各个内容可以互相穿插，多点叠加使用，基本法则不变即可。熟练后可灵活处理
激发购买欲望	免安装、为今晚谁洗衣服而吵架、省时间、除菌率高达99.9%	省事型卖点+化解顾虑+正当消费+恐惧诉求	
赢得读者信任	检测除菌率高达99.9%，省电，洗得干净	权威专家+化解顾虑	
引导马上下单	一个月不超过30元，一天1元的费用	算账，平摊到每个月和每天	

 做一做

请你使用文案写作的4个法则，尝试为婚庆抱枕编辑一条文案吧，将编辑的内容填写到表4-2-5中。

表4-2-5　婚庆抱枕文案

产品样式	法则	文案	分析
	标题吸人眼球		
	激发购买欲望		
	赢得读者信任		
	引导马上下单		

活动三　排版和编辑文案

文案排版主要针对图文类内容，视频类内容只需要注意在画面中突出标题和关键字即可，图文类排版就需要多加注意，巧妙的编辑排版能让阅读者更舒适，更吸引眼球。

一、巧用标题

当面对大段文案时，为让读者能更高效、舒适地阅读，要对文案进行分段整理、提炼标题和排版，通过改变字号、色彩、加粗等方法突出重点。

1.标题内容

拟定标题时,要将每段内容中的关键词提炼出来,将关键词融入标题中,让读者快速明确内容重点,且关键字越早出现越好,标题的字数最好控制在10个字以内。

2.标题排版

标题的排版需要体现逻辑性和重要性,同级内容需要设定相同的图案样式和文字样式。

在标题的图案样式上,可以使用序号、几何符号、方框、线条等图案样式,提醒读者注意关键信息,让标题更为醒目。如图4-2-6所示的书籍公众号文案中,用序号、方框、加大字号、单列一行等方法让书籍名更醒目。

在标题的文字样式上,一级标题(字号)>二级标题(字号)>三级标题(字号),通常推荐一级标题选择居中或者居左样式。图4-2-7所示的护肤品文案中"减缓老化,重获饱满年轻肌肤"属于一级标题,"01延缓初老、02盈润透亮……"属于二级标题,明显能看到字号上有大小的区分。

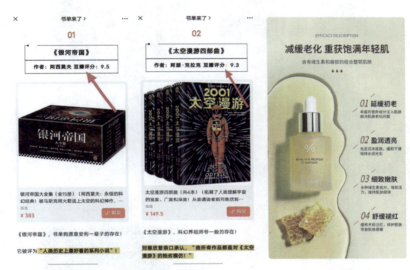

图 4-2-6　书籍公众号文案　　　　　　图 4-2-7　护肤品文案

二、合理配图

在文案中,我们可以适当添加图片来缓解阅读疲劳和丰富视觉感受,插图主要有以下几类。

1.证明案例插图

当文章内容讲到产品案例时,可以插入能够佐证的案例图,更清晰地展示产品,做好内容印证。如图4-2-8所示的奶茶公众号中,为了向顾客展示新品,会附上拍摄的产品图,让顾客明晰新品的样式。

2.补充知识插图

当文章要解释复杂的知识时,可采用结构图、思维导图等方式,辅助读者更直观、更快速地理解知识。

3.氛围插图

当文章中无案例和补充知识时,为了渲染文章氛围和缓解阅读疲惫,可以根据文章内容配上美图,在选择图片时注意与文章主题、内容、风格相符。

图 4-2-8　奶茶公众号配图

三、整体布局

注意文案的顶部内容需要引出主题，导出下文，加上话题等，如图4-2-9所示。底部的内容要进行补充，引导用户关注、跳转、购买等行为，常见的方式是放上引导关注的二维码、链接、带上话题等，如图4-2-10所示。

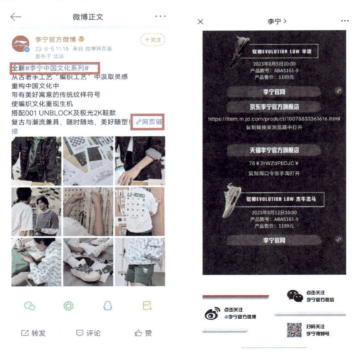

图 4-2-9　文案带话题　　　　图 4-2-10　文案结尾引导关注、购买

活动四 发布文案

文案发布前做好检查工作：

（1）检查文案内容是否符合产品实际，是否符合平台的规则及文案风格，有无违规内容。内容一定要符合法律法规、平台规则，秉持诚信真实原则。

（2）文案的内容尽量简单易读，内容符合平台目标用户和身份需求。

（3）切记注意标点符号、错别字和语法错误。

（4）排版、配图需要清晰，整体风格相对固定，给用户好的阅读观看体验。

（5）内容中可以结合近期热点，带上话题，在一定程度上增加内容热度。

 做一做

请扫描二维码，对照文案发布要点，说说电动牙刷文案中哪些地方还可以优化。

电动牙刷文案

阅读有益

撰写文案的辅助工具——文心一言

文心一言（英文名：ERNIE Bot）是百度全新一代知识增强大语言模型，基于飞桨深度学习平台和文心知识增强大模型，持续从海量数据和大规模知识中融合学习，具备知识增强、检索增强和对话增强的技术特色。文心一言有五大能力：文学创作、商业文案创作、数理逻辑推算、中文理解、多模态生成，如图4-2-11所示。它能够与人对话互动，撰写文案，协助创作，高效便捷地帮助人们获取信息、知识和灵感。当用户撰写文案没有灵感时，可以在平台中输入产品关键字，平台会自动生成热点文案，以供参考。

图4-2-11 百度文心一言

YUEDUYOUYI

[任务三]

制作并发布新媒体短视频

◆ **任务描述**

　　家纺旗舰店将进行国潮抱枕的产品促销直播，为了让直播达到更好的效果，在此之前需要进行直播预告活动。李琳问经理："直播预告的一个重要工作是制作短视频，那该如何完成短视频的制作和发布呢？"经理说："李琳，首先我们要明确受众定位，然后选定视频主题，确定策划脚本，搭建拍摄场景等。完成的预告视频在直播开播前，发布在主页、朋友圈、社交媒体平台。通过直播预热宣传，让直播的信息触达更多用户，从而达到吸引客户流量，提升销量的效果。"

◆ **任务实施**

活动一　拍摄短视频

　　短视频的迅速崛起与广泛应用，缩短了人们相互沟通的时间，跨越了沟通的空间。随着受众需求的不断变化和其欣赏水平的不断提高，对视频的制作要求也越来越高，需要作者制作出更优质的作品。

一、准备拍摄器材

1.常用拍摄设备

　　摄像机和相机是拍摄照片和视频的主要设备。常见的拍摄设备包括摄像机、单反相机、智能手机等。

　　（1）摄像机

　　摄像机（图4-3-1）是为摄像设计的，应用操作也是专门根据视频的特点设计的。摄像机主要面向大型会议、电视节目、综合性活动等对于视频记录要求全面的场景。如果使用专业摄像机拍摄视频，就需要更多的配件，如摄像机电源、摄像机电缆（用来连接摄像机和录像机）、摄影灯、彩色监视器（用来保证拍摄画面的颜色）、三脚架（用来稳定拍摄设备）等。专业摄像机的优点是对焦稳，防抖能力强；缺点是体型较大，不便于携带。

　　（2）单反相机

　　单反相机（图4-3-2）是一种专业级别的拍摄设备，适合有摄影基础的专业摄影人员，通常用于对视频质量要求比较高的视频作品的拍摄。单反相机的视频拍摄时长通常限制在29分59秒，主要用于拍摄短时间的视频，如情景剧、微电影、创意视频等。单反相机的优点是坚固耐用，在操作设计上有各种专业模式，还可以外加配件扩充功能；缺点是往往价格不菲，需要投入的成本较高。

　　（3）智能手机

　　用智能手机（图4-3-3）拍摄短视频有3个优点：轻便、方便携带；操作简单，新手也能很快学会；直接分享，便于形成互动。智能手机适合直播、街拍等场景拍摄。但手机拍摄短视频可能会存在摄像头清晰度不足、防抖功能稍差的缺点。

图 4-3-1　摄像机

图 4-3-2　单反相机

图 4-3-3　智能手机

2.其他辅助设备

专业水准的视频作品还需要一些辅助设备来帮助实现拍摄目的。辅助拍摄设备包括镜头、稳定设备、录音设备、照明设备等。在这些辅助设备中,镜头作为相机的重要组成部分,可以影响画面的焦距、景深等。根据设备的不同可将镜头分为摄像机镜头、单反镜头(图4-3-4)和手机镜头(图4-3-5)。

图 4-3-4　单反镜头

图 4-3-5　手机镜头

 做一做

大家都喜欢动物园里可爱的熊猫,对于新手来说,想拍摄动物园里售卖的熊猫挂件,需要哪些拍摄工具呢? 请将答案写在下面的横线上。

_____

二、搭建拍摄场景

1.布置场景

提升短视频品质最简单最直接的方式就是对拍摄背景进行布置,在布置时,装饰品的样式不用太多,选择一些简洁干净的背景,营造整洁、清晰的感觉,着重凸显品质感就行。也可以根据商品本身的属性,选择一些合适的物品或道具,营造出适合商品的氛围,通过画面视觉来传达信息。本次拍摄国潮抱枕短视频的案例一共使用了两个场景:白色背景展台(图4-3-6)和商品实用场景(图4-3-7)。

图 4-3-6　展台背景

图 4-3-7　商品实用场景

2.布置灯光

对于短视频来讲,灯光的布置非常重要,因为灯光不仅可以营造氛围,还可以塑造视频的画面风格。灯光分为主光、辅助光、轮廓光、顶光和背景光。不同的灯光采用不同的摆放方式, 所创造的光线效果也不同。

本次国潮抱枕短视频拍摄案例的灯光布置, 如图4-3-8所示。主灯正对着拍摄主体的正方向, 与视频摄像头上的镜头光轴形成0°~15°的夹角。辅助灯放在两边较远的位置, 从左前方或右后方45°方向照射过来可以增强拍摄主题轮廓立体感。轮廓灯放在拍摄主体后面, 形成逆光效果。顶灯是从拍摄主体顶部位置进行照射, 给背景和地面增加照明。

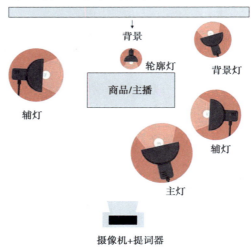

图 4-3-8　灯光布置

 想一想

同学们, 现在需要拍摄熊猫挂件纪念品, 你觉得应该选用的拍摄背景是什么呢? 背景元素应有哪些? 将答案记录在下面的横线上吧。

_____

三、认识商品拍摄的景别

在拍摄商品视频时, 需要展现商品的整体形象、不同角度的外观, 以及内部细节等, 因而经常需要采用全景、中景、近景、特写等不同的景别进行拍摄。

1.全景

全景主要用于展现所拍摄商品的全貌及周围的环境情况, 有较为明显的主体, 要求景深较大, 如图4-3-9所示。

图 4-3-9　全景

2.中景

中景一般用于表现人与物、物与物之间的关系, 偏重于动作姿势, 如图4-3-10所示。

图 4-3-10　中景

3.近景

近景是对商品的主要外观进行细腻的刻画，多用于商品的多角度展示，如图4-3-11所示。

图 4-3-11　近景

4.特写

特写以表现商品局部为主，可以对商品内部结构或局部细节进行突出展示，用于体现商品的材质和质量等，如图4-3-12所示。

图 4-3-12　特写

🔍 **做一做**

景别一般分为5种，它们的分类方式是从画面景物所呈现的大小来划分的，从大到小依次是_____、_____、_____、_____、_____。

四、运用镜头

视频作品离不开镜头，镜头是视频创作的基本单位，一个完整的视频作品是由一个个的镜头组合而成的，镜头的运用直接影响着视频作品的观看效果。

运动镜头是指通过机位、焦距和光轴的运动，在不中断拍摄的情况下，形成视角、场景空间、画面构图、表现对象的变化，不经过后期剪辑，在镜头内部形成多构图、多元素的组合，其目的是增强画面动感，扩大镜头视野，影响视频的节奏，赋予画面独特的寓意。常见的运动镜头有推拉镜头、摇移镜头、升降镜头、跟镜头等。

1.推拉镜头

推镜头是摄像机向被摄主体方向推进，或者变动镜头焦距使画面框架由远而近向被摄主体不断接近，取景范围由大变小，使被摄主体逐渐接近观众，视距由远变近，景别由大到小，主体由整体到局部，如图4-3-13所示。

图 4-3-13　推镜头

拉镜头是被摄主体不动，由摄像机做向后的拉摄运动，逐渐展示被摄主体，取景范围由小变大，由局部到整体，使人产生宽广、舒展的感觉，如图4-3-14所示。拉镜头能够增加画面的信息量，有利于展示被摄主体与周围环境的关系。

图 4-3-14　拉镜头

2.摇移镜头

摇镜头是指摄像机的位置不动，只摇动镜头进行左右、上下、移动、旋转等运动，让观众从被摄对象的一个部位到另一个部位逐渐观看，通过摇摄全景，或者跟着被摄主体的移动进行摇摄（跟摇），使观众如同站在原地环顾周围的人或事物，如图4-3-15所示。

图 4-3-15　摇镜头

移镜头是指摄像机沿水平面做各个方向的移动拍摄，可以把行动着的人物和景物交织在一起，产生强烈的动态感和节奏感。移镜头具有完整、流畅、富于变化的特点，能够开拓画面的造型空间，表现大场面、大纵深、多景物、多层次的复杂场景，展现出气势恢宏的造型效果，可以表现出各种运动条件下的视觉艺术效果，如图4-3-16所示。

图 4-3-16　移镜头

3.升降镜头

升降镜头是指摄像机借助升降装置一边升降一边拍摄画面。上升镜头指摄像机慢慢升起，从而展示更加广阔的空间，如图4-3-17所示；而下降镜头则相反。

图 4-3-17　升镜头

4.跟镜头

跟镜头是摄像机始终跟随运动的被摄主体一起运动而拍摄的画面。跟镜头可连续地表现被摄主体在行动中的动作和表情，既能突出运动中的主体，又能交代被摄主体的运动方向、速度、体态及与环境之间的关系，使被摄主体的运动保持连贯，有利于展示被摄主体在动态中的面貌。

五、使用手机拍摄视频

目前智能手机的拍摄功能十分强大，使用手机能够轻松地拍摄出精彩的视频作品。在本案例中，我们将使用手机的视频录制功能进行短视频拍摄。

1.设置手机参数

（1）在手机屏幕上点击"设置"按钮，进入"设置"界面，点击"相机"选项，如图4-3-18所示。

（2）进入"相机"界面，点击"录制视频"选项，如图4-3-19所示。

图 4-3-18　设置相机选项　　　　图 4-3-19　点击录制视频选项

（3）在打开的界面中选择所需的帧速率和视频分辨率，然后点击左上角的"相机"按钮，返回"相机"界面，如图4-3-20所示。

（4）在"相机"界面中点击"录制慢动作视频"选项，在打开的界面中选择录制慢动作视频的帧速率，如图4-3-21所示。

（5）返回"相机"界面，打开"网格"选项，以便在相机拍摄界面显示九宫格来辅助构图，如图4-3-22所示。

图 4-3-20　设置录制视频参数　图 4-3-21　设置录制慢动作视频参数　图 4-3-22　打开网格选项

2.拍摄短视频

（1）调整曝光。滑动手机屏幕，打开控制中心界面，点击"相机"按钮，如图4-3-23所示。将屏幕亮度调至合适大小。左右滑动拍摄界面，切换到"视频"选项。在拍摄画面中点击拍摄主体，就会自动测光，并自动调整对焦和曝光。拖动对焦框旁的 ⚙ 图标，可以手动调整曝光，如图4-3-24所示。

（2）录制视频。点击"录制"按钮，即可开始短视频的录制。在录制过程中，点击白色快门按钮，可以快速拍摄静态照片。在屏幕上两指捏合或放大，可对拍摄画面进行缩放。拍摄完成后，点击"停止录制"按钮，如图4-3-25所示。

图 4-3-23　选择相机按钮　　　图 4-3-24　手动调整曝光　　　图 4-3-25　录制视频

六、使用单反相机拍摄视频

单反相机主要用来摄影，其也有非常强大的视频拍摄功能，主要体现在镜头群丰富、感光元件大、色彩表现力强、虚化效果好等方面。

1.设置视频录制格式和尺寸

不同的单反相机，支持拍摄视频的质量有一定的区别，主要体现在视频的尺寸上。当前市场上主流的设备均支持拍摄全高清的视频。通过设置"画面尺寸/帧频"中的参数，一般建议选择录制1 920×1 080/25帧MOV格式的高清视频即可，如图4-3-26所示。

2.使用手动曝光模式

建议使用手动曝光模式，这样可以准确设定相机的拍摄参数，如快门、光圈、ISO，从而精确地控制画面的曝光成像，如图4-3-27和图4-3-28所示。

图 4-3-26　设置画面尺寸和帧频　　　图 4-3-27　设置 M 挡手动　　　图 4-3-28　设置 M 挡手动
曝光模式（1）　　　　　　　　曝光模式（2）

3.设置快门速度

快门速度越慢，画面的模糊越明显；反之，快门速度越快，画面越清晰、锐利。拍摄视频与拍摄照片的快慢设置是不同的，为保证视频画面更符合人眼的视觉效果，一般将快门速度设置为拍摄帧率的2倍，即当视频帧率设置为25帧/秒时，快门速度设置为50。

4.设置光圈

光圈主要用于控制画面的亮度及背景虚化。光圈越大，画面越亮，背景虚化效果越强，如图4-3-29所示；反之，光圈越小，画面越暗，背景效果越弱。光圈值是用倒数表示的，数值越大，光圈越小。例如，F2.8是大光圈，F8是小光圈。

5.设置感光度

ISO感光度是可以帮助控制画面亮度的一个变量，在光线充足的情况下，感光度设置得越低越好。若光线环境比较暗，感光度也不要设置得太高，因为过高的感光度会在画面中产生噪点，影响画质。

6.调节白平衡

使用单反相机拍摄视频时，需要将白平衡调节为手动，如图4-3-30所示。色温可以控制画面的色调冷暖，色温值越高，画面的颜色越偏黄色；反之，色温值越低，画面的颜色越偏蓝色。一般情况下将色温调节到4 900~5 300 K的中间值，适合大部分的拍摄题材。

图 4-3-29　背景虚化效果　　　　　图 4-3-30　调节白平衡

7.使用手动对焦

在拍摄视频的过程中，如果自动对焦出现一些失误，那么这个镜头的素材可能就无法使用，所以需要学会在手动对焦模式下拍摄视频，如图4-3-31所示。

8.录制短视频

参数设置完成，用液晶屏来进行取景。点击相机上的红色录制按钮（按快门键）即可进行视频的拍摄，再次点击录制按钮即可结束短视频的拍摄，相机将自动保存视频素材，如图4-3-32所示。在单反相机里可以查看视频，当拍摄的素材效果不好时，可重新进行录制。当得到满意的视频素材时，就可以将素材导入到计算机里进行后期处理。

图4-3-31　设置手动对焦

图4-3-32　录制短视频

 做一做

确定国风抱枕直播预告短视频的拍摄流程。

明确受众定位	
拍摄主题	
视频脚本	拍摄目的：＿＿＿＿＿＿＿＿＿＿＿＿＿＿＿ 框架搭建：＿＿＿＿＿＿＿＿＿＿＿＿＿＿＿ 人物设置：＿＿＿＿＿＿＿＿＿＿＿＿＿＿＿ 场景设置：＿＿＿＿＿＿＿＿＿＿＿＿＿＿＿ 故事线索：＿＿＿＿＿＿＿＿＿＿＿＿＿＿＿ 影调运用：＿＿＿＿＿＿＿＿＿＿＿＿＿＿＿ 音乐运用：＿＿＿＿＿＿＿＿＿＿＿＿＿＿＿ 镜头运用：＿＿＿＿＿＿＿＿＿＿＿＿＿＿＿
拍摄设备准备	拍摄设备：＿＿＿＿＿＿＿＿＿＿＿＿＿＿＿ 辅助设备：＿＿＿＿＿＿＿＿＿＿＿＿＿＿＿
素材时长	

活动二　剪辑短视频

使用视频编辑工具可以对视频进行后期处理，使其成为完整的视频作品。视频后期编辑主要包含视频剪辑、添加特效、添加字幕、音频编辑等。除了PC端的视频剪辑工具，在移动端也出现了许多可以剪辑视频的App，同样可以制作出高质量的短视频作品。

一、认识常用视频编辑工具

1.常用PC端视频剪辑工具

视频编辑工具能够实现视频的合并和编辑、添加音频、添加特效等。常见的PC段视频编辑工具有Premiere、Edius、会声会影、After Effects等，如图4-3-33所示。

图 4-3-33　　PC 端视频剪辑工具

2.常用移动端视频剪辑工具

常用的移动端视频剪辑工具有快剪辑、剪映、小影、快影、Inshot等，如图4-3-34所示。

图 4-3-34　　移动端视频剪辑工具

二、短视频后期编辑

1.视频剪辑

Premiere是目前最常用的PC端视频后期编辑工具之一。下面以制作国风抱枕的直播预告视频为例详细介绍使用Premiere编辑视频的基本流程。

（1）新建项目并创建序列

①启动Premiere CC，选择"文件"→"新建"→"项目"命令，在弹出的"新建项目"对话框中单击"浏览"按钮，设置项目保存位置，输入项目名称，然后单击"确定"按钮，如图4-3-35所示。

图 4-3-35　　新建项目

②在"项目"面板中双击或者按Ctrl+I组合键，弹出"导入"对话框，选中要导入的视频、图片和音频等素材，然后单击"打开"按钮即可导入素材到"项目"面板，如图4-3-36所示。

图 4-3-36　　导入素材

③在"项目"面板的右下方单击"新建项"按钮,在弹出的列表中选择"序列"选项,如图4-3-37所示。

图 4-3-37　新建序列

④在弹出的"新建序列"对话框中选择"HDV 720P25"选项,输入序列名称,在右侧可以查看预设选项的描述信息(即视频大小为1 280像素×720像素,帧速率为25帧/秒),如图4-3-38所示。单击"确定"按钮,即可创建序列,并在时间轴面板中打开。

图 4-3-38　序列预设

(2)导入素材到序列

在"项目"面板中选择视频素材,按住鼠标左键不放,将其拖拽到时间轴对应轨道,如图4-3-39所示。

图 4-3-39　在序列中添加素材

(3)自动调整素材大小

①在"项目"面板或时间轴面板中双击素材,可以在源监视器中预览该素材。节目监视器用于监视时间轴面板中的序列(即视频的最终效果),可以看到时间轴面板中的素材被裁剪,如图4-3-40所示。

图 4-3-40　预览视频效果

②在时间轴面板中选择素材并用鼠标右键单击，在弹出的快捷菜单中选择"缩放为帧大小"命令。此时，即可根据视频大小自动调整素材大小，如图4-3-41所示。

图4-3-41　调整素材大小

（4）解除源视频音画链接

右键单击时间轴中的视频素材，在弹出的快捷菜单中选择"取消链接"即可解除源素材的音画链接。单击选择音频轨道上的声音素材，按Delete键即可只删除源素材中的声音，如图4-3-42和图4-3-43所示。

图4-3-42　删除源素材声音前　　　　　　图4-3-43　删除源素材声音后

使用与步骤（2）—（4）同样的方法导入其他视频素材。

（5）分割视频

选择工具箱中的"剃刀工具" ，在时间轴中对应的时间点单击鼠标左键即可分割视频，如图4-3-44所示。选择工具箱中的"选择工具" ，然后按Delete键即可删除不需要的部分。

图4-3-44　分割视频

（6）视频调速与倒放

在时间轴中右键单击素材，选择"速度/持续时间"命令即可调整素材的播放速度和倒放效果，如图4-3-45所示。

图4-3-45　视频调速与倒放

（7）视频调色

在Premiere窗口上方选择"颜色"选项，在右侧的"Lumetri颜色"面板中的"基本校正"中可调整素材的白平衡和色调，如图4-3-46所示。也可以使用"曲线"调整素材的亮度和色调范围，如图4-3-47所示。

图4-3-46　基本校正　　　　图4-3-47　使用"曲线"调整

（8）添加字幕、音乐

①添加字幕。在时间轴面板中用鼠标右键单击"V3"轨道，在弹出的快捷菜单中选择"添加单个轨道"命令，添加"V4"轨道。选择"文件"→"新建"→"旧版标题"命令，在弹出的"新建字幕"对话框中单击"确定"按钮。在打开的"字幕"对话框中，使用"矩形工具"绘制矩形，并设置半透明黑色填充。使用"文字工具"在绘图区中输入文字，并设置字体、大小、阴影等格式，如图4-3-48所示。将新建的字幕素材从"项目面板"拖至"V4"轨道上，并修剪素材的长度。若要重新编辑字幕，可以双击字幕素材。

图4-3-48　制作字幕

②添加音乐。将"项目"面板中的"背景音效.mp3"拖至时间轴上的"A1"音频轨道。根据短视频实际画面长短，使用"剃刀工具"和"清除"命令剪辑音频。在"音频效果"面板中的"fx音量"下单击"添加/移除关键帧"按钮，分别在音频结束前10秒和最后1秒添加关键帧，将最后1个关键帧的音量级别设置为-∞，制作音频的淡出关键帧效果，如图4-3-49所示。

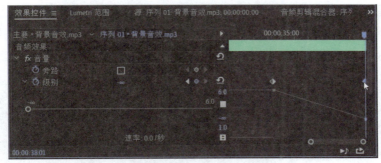

图 4-3-49　制作音频淡出效果

（9）添加运动效果和转场效果

①添加运动效果。选中素材文件，打开"视频效果"面板，在对应的时间点上单击"添加/移除关键帧"按钮，同时更改"fx运动"下的"位置""缩放"等参数，即可制作运动效果，如图4-3-50所示。

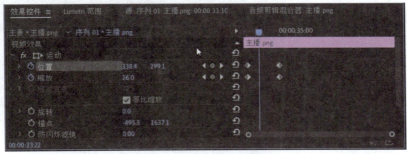

图 4-3-50　制作运动效果

②添加转场效果。打开"效果"面板，选择"视频过渡"下的任一效果，按住鼠标左键不放，将其拖至时间轴上目标素材的开头、过渡或结尾处。若要清除转场效果，只需要在时间轴对应位置单击鼠标右键，在弹出的快捷菜单中选择"清除"即可，如图4-3-51所示。

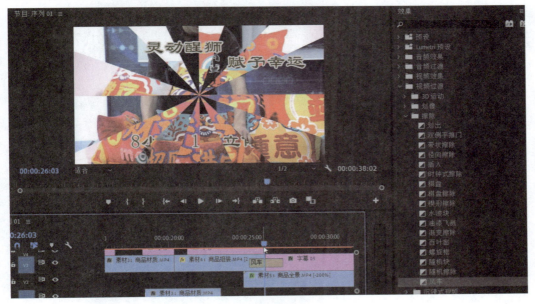

图 4-3-51　添加转场效果

2.视频输出

选择"文件"→"导出"→"媒体"命令,打开"导出设置"面板,选择导出的格式为"H.264",设置"输出名称",单击"导出"按钮,即可进行视频的渲染输出,如图4-3-52所示。

图4-3-52 导出视频

 做一做

打开素材文件,参考样片完成国风抱枕直播预告短视频的制作。

活动三　发布短视频

短视频拥有丰富的信息展示、直接的感官引导,而短视频发布的平台则附着有优质的流量,以及商品跳转的便捷性,使其在电商变现的商业模式上具有得天独厚的优势。那短视频发布在哪些地方呢?

一、常见的短视频平台

常见的短视频平台主要有抖音、新浪微博、小红书、美拍、淘宝短视频、微信视频号等,如图4-3-53所示。

抖音　　　新浪微博　　　小红书　　　美拍　　　淘宝短视频　　微信视频号

图 4-3-53　常见的短视频平台

二、短视频发布流程

完整的视频应该有标题、描述文案、封面、配乐、字幕、画面等,但并不是一个视频必须凑齐所有元素才能发布。只是视频元素越齐全,每一个元素的质量都较高,更有利于作品获得更多流量。

1.明确视频的质量要求

网络视频要牢固梳理精品意识，提升视频内容品质，提高原创能力，努力传播思想精深、艺术精湛、制作精良的优秀作品。对网络视频质量的要求有：

● 视频字幕清晰。视频字幕清晰可见，画面规范美观。

● 视频画面高清。画面无马赛克、变形拉伸、压缩模糊，无跳帧、掉帧，无黑屏、花屏、卡屏等现象。

● 禁止恶意广告营销。不添加与内容无关的二维码、网址等信息。

● 视频声画同步。视频声画同步，声音清晰可听，无杂声、噪声等。

2.发布短视频

以下将以抖音平台为例，介绍短视频的发布流程。

（1）进入抖音的首页以后，在页面的正下方点击"＋"按钮就可以进入视频发布页面，如图4-3-54所示。

（2）在视频发布页面有两种发布方式，一种是直接选择移动终端中已有的视频；另一种是直接现场录制，如图4-3-55所示。在本案例中选择移动终端中已有的视频，直接在"视频发布"页面中选择"相册"，直接从列表中选中要上传的视频，然后点击"下一步"按钮，如图4-3-56所示。

（3）进入最终的发布页面后，输入对视频的文字描述，最后点击页面右下方的"发布"按钮就可以完成视频的发布了，如图4-3-57所示。

图 4-3-54　进入抖音　　　图 4-3-55　进入视频　　　图 4-3-56　选择短视频　　　图 4-3-57　添加视频
　　　　　　首页　　　　　　　　　　发布页面　　　　　　　　　　　　　　　　　　　　　描述

 做一做

请将完成后的国风抱枕直播预告短视频发布到抖音、微信视频号、新浪微博等平台。

阅读有益

网络视频内容管理规范

作品发布一定要保证作品符合国家的法律法规。只有这样才能保证作品能顺利通过系统审核，成功发布。2019年1月9日，中国网络视听节目服务协会公布了《网络短视频平台管理规范》及《网络短视频内容审核标准细则》。依据网络短视频内容审核基本标准，网络播放的短视频节目，以及其标题、名称、评论、弹幕、表情包等，其语言、表演、字幕、背景中不得出现以下具体内容（常见问题）：

· 攻击我国政治制度、法律制度的内容；

· 分裂国家的内容；

· 损害国家形象的内容；

· 损害革命领袖、英雄烈士形象的内容；

· 泄露国家秘密的内容；

· 破坏社会稳定的内容；

· 损害民族与地域团结的内容；

· 违背国家宗教政策的内容；

· 传播恐怖主义的内容；

· 歪曲贬低民族优秀文化传统的内容；

· 恶意中伤或损害人民军队、国安、警察、行政、司法等国家公务人员形象和共产党党员形象的内容；

· 美化反面和负面人物形象的内容；

· 宣扬封建迷信，违背科学精神的内容；

· 宣扬不良、消极颓废的人生观、世界观和价值观的内容；

· 渲染暴力血腥、展示丑恶行为和惊悚情景的内容；

· 展示淫秽色情，渲染庸俗低级趣味，宣扬不健康和非主流的婚恋观的内容；

· 侮辱、诽谤、贬损、恶搞他人的内容；

· 有悖于社会公德的内容；

· 不利于未成年人健康成长的内容；

· 宣扬、美化历史上侵略战争和殖民史的内容；

· 其他违反国家有关规定、社会道德规范的内容。

[任务四]

制作并发布新媒体直播预告图

◆ 任务描述

　　家纺旗舰店要开展以"国潮来袭"为主题的系列直播活动,产品主要是抱枕、四件套等。经理告诉李琳:"本场直播活动时间是6月18日,届时将有更多的新品上市,更多优惠。为更好宣传本次直播活动,现需要制作一张直播预告图。"

◆ 任务实施

活动一　设计直播预告图

　　直播预告图成为直播前期宣传的重要形式,直播预告图可以吸引消费者注意,同时让消费者快速获取直播内容信息,为直播的前期宣传和预告造势。直播预告图的设计在新不在多,要有创新和亮点,这样才能为后续的直播活动带来更多的关注度。

一、直播预告图的设计原则

1.合理运用色彩

　　在直播预告图上,设计者要懂得色彩搭配。另外,也可以用颜色差来分割直播预告图的主次,让图片更加吸引人,如图4-4-1所示就采用了蓝色和绿色来分割背景和活动内容。

图 4-4-1　直播预告图

　　2.突出直播活动的主要内容

　　直播预告图要将本次直播活动的主要内容精练地写在图上。图4-4-1中的直播活动要点之一就是"直播时段 限时最低9.9元抢爆款",简洁明了,给人一种一目了然的感觉。

　　3.注意文案的合理性

　　直播预告图文案应包含直播主题、直播机制、直播信息,如图4-4-1所示。在设计海报的时候，要注意语言文字的合理性，并使用简洁的语句清晰表达主题，让活动更有说服力。

二、直播预告图的构成要素

● 商品：主产品、次产品、模特。

● 文案：主标题、副标题、价格、标签。

● 背景：前背景、中背景、后背景。

三、直播预告图的设计流程

1.提炼文案

文案会直接告诉观众直播主题、活动时间、活动内容等信息。直播预告文案中还可以直接分享直播产品清单，预告一些产品优惠，吸引精准客户进入直播间，提高产品转化。

2.设计直播预告图的排版布局

直播预告图常规的内容包含图片素材、主要内容、次要内容等，常用的排版形式是居中式构图，如图4-4-2所示。

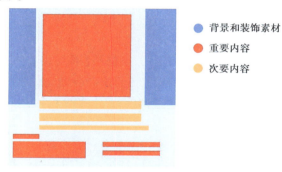

图 4-4-2　居中式构图

3.处理产品和人物图像

直播海报的装饰元素还可以使用产品图片，这样不仅可以丰富画面，还能通过选品来吸引更多观众。没有明星主播的直播间，能够吸引观众的就是优质的选品。不过，当直播间有明确的带货主题时，预告海报的设计也应该适当呈现产品。直播海报中的产品图有两种设计形式，一是堆品，适合品类主题的直播；二是单个产品，适合有明星做客的直播。本节任务的直播预告图案例主要采用了产品图片（图4-4-3）和主播图片（图4-4-4）作为主要素材。

图 4-4-3　产品图片　　　　　　图 4-4-4　主播图片

4.选择背景和装饰元素

当海报中出现模特图片时，一般来说，视觉焦点会在人物身上，因而背景的设计会比较简约，起到烘托氛围和补充画面元素的作用。至于直播海报的背景设计，可以选择网格、渐变色彩、3D场景以及纹理背景等，让人物置身于一个抽象的空间，让画面更加完整。装饰元素是海报设计中不可缺少的元素。例如,点、线、面是最基础的平面设计元素,在海报中添加这种简单又具有设计感的元素可以让画面显得很饱满。但对于直播间预告图的设计,选择什么样的装饰元素要根据直播主题来决定,这样才可以起到衬托画面和烘托促销氛围的作用。背景和装饰元素范例,如图4-4-5所示。

图 4-4-5　背景和装饰元素范例

 做一做

完成国潮抱枕直播预告活动的文案提炼。

主题:_____

活动时间:_____

活动内容:_____

编写文案:_____

活动二　制作直播预告图

一、制作直播预告图的常用工具

制作直播预告图主要有两种方式,一种是使用专业的图形图像设计软件进行制作,如Photoshop、Illustrator等,这要求制作者不仅要会使用设计软件,还要具备一定的美感;另一种是针对不会使用设计软件的人,可以使用创客贴等在线设计平台,这些在线设计平台提供了海量的设计模板,制作者只需要在现有的模板上进行文案信息、设计元素、图片素材等内容的修改即可,如图4-4-6所示。

Photoshop　　　　Illustrator　　　　创客贴

图 4-4-6　直播预告图常用制作工具

二、制作直播预告图的流程

Photoshop是目前最常用的图形图像处理工具之一。下面以制作国风抱枕的直播预告图为例详细介绍使用Pohtoshop进行直播预告图制作的基本流程。

1. 新建直播预告图工程文件

启动Photoshop CC，选择"文件"→"新建"命令，在打开的"新建文件"对话框中输入文件名称，设置文件宽度为60厘米，高度为90厘米，分辨率为150像素/英寸，然后单击"确定"按钮，如图4-4-7所示。

图 4-4-7　新建文件

2.产品和主播图像处理

（1）使用钢笔工具完成产品图像的提取。打开"素材/项目四/全景图.jpg"，选择工具栏中的"钢笔工具"，然后沿着产品图的边缘进行路径绘制，如图4-4-8所示。完成封闭路径的绘制后，右键单击鼠标，在弹出的快捷菜单中选择"建立选区"，如图4-4-9所示，打开"建立选区"对话框，设置羽化半径为5像素，然后单击"确定"按钮，如图4-4-10所示。使用"移动工具"，将图像移动到"618直播预告图.psd"中。

图 4-4-8　产品图抠图　　　　　图 4-4-9　建立选区　　　　　图 4-4-10　设置羽化半径

（2）使用魔术棒工具完成主播图像的提取。打开"素材/项目四/主播.jpg"，使用"裁剪工具"裁剪主播的部分图像，如图4-4-11所示。然后选择"魔棒工具"，设置容差值为30，拾取背景部分，如图4-4-12所示。单击工具箱中的"以快速模式蒙版编辑"，使用"画笔工具"和"橡皮擦"工具对选区和非选区进行局部细节微调，再次单击"以标准模式编辑"，则退出蒙版模式，如图4-4-13所示。选择"选择"→"反向"命令，使用"选择工具"，将主播图移动到"618直播预告图.psd"中，如图4-4-14所示。

图 4-4-11　裁剪图像　　　图 4-4-12　选取图像　　　图 4-4-13　蒙版编辑　　　图 4-4-14　合成图像

3.选择背景和装饰元素

打开"素材/项目四"文件夹中的"背景.jpg""装饰1.jpg""装饰2.jpg""装饰3.jpg""装饰4.jpg"，将其移动到工程文件中的合适位置，并调整图层叠放次序，使用快捷键Ctrl+T调整图像大小，如图4-4-15和图4-4-16所示。

4.添加文案和活动二维码

在图像的左上部，使用"横排文字工具"，设置字体、字号、颜色分别为华文琥珀、285点、白色，输入文本"直播预告"。新建图层，使用"矩形选框"工具（▣）绘制文本装饰背景，并填充为黄色和紫色。选择"横排文字工具" T，设置字体、样式、大小、颜色分别为微软雅黑、加粗、72点、黄色，输入文本"前100位付款者享6折优惠"的促销信息。然后使用合适的字体、字号、颜色在底部输入直播的主持人、日期、时间等信息。将直播号的二维码图像放置到合适位置，使用快捷键Ctrl+T调整其大小，最终效果如图4-4-17所示。

　　　　图 4-4-15　添加背景

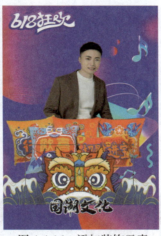
　　　　图 4-4-16　添加装饰元素

　　　图 4-4-17　添加文案和活动
　　　　　　　　　　二维码

5.保存输出

选择"文件"→"存储为"命令，设置文件名和保存类型，如图4-4-18所示。在打开的文件保存选项对话框中设置文件品质，然后单击"确定"按钮，如图4-4-19所示。

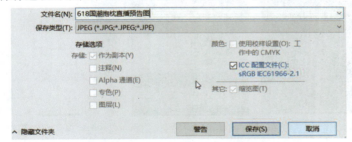
图 4-4-18　保存设置

图 4-4-19　保存选项设置

 做一做

参照上面的示例，制作一张国潮抱枕直播预告图。

活动三　发布直播预告图

一、常见的直播预告图发布平台

常见的直播预告图发布平台主要有抖音、新浪微博、小红书、QQ、微信等，如图4-4-20所示。

抖音　　新浪微博　　小红书　　QQ　　微信

图 4-4-20　直播预告图发布平台

二、直播预告图的发布流程

以下以新浪微博为例，介绍直播预告图的发布流程。

（1）进入平台首页

在移动终端上安装新浪微博App，点击图标进入平台首页，如图4-4-21所示。

（2）选择发布信息类型

点击"首页"中的"图片"，进入发布页面，如图4-4-22所示。在发布页面中，可以直接拍摄或者选择"更多照片"，打开移动终端本地相册时，可以直接选择手机中已经制作好的直播预告图，然后点击"下一步"，如图4-4-23所示。

（3）编辑文案

完成图片选择后，可根据活动详细情况进行文案信息的编辑，如添加活动信息。确认所有信息编辑无误后，点击"发送"即可，如图4-4-24所示。

图 4-4-21　进入新浪　　图 4-4-22　进入发布　　图 4-4-23　选择直播　　图 4-4-24　文案编辑
　　　　微博首页　　　　　　　页面　　　　　　　预告图

 做一做

请将完成后的国风抱枕直播预告图发布到抖音、微信、新浪微博等平台。

阅读有益

惊艳千年的中国传统色

　　中华民族是世界上最早懂得使用色彩的民族之一。四季、节气、天地、生活,处处皆有动人的颜色。大自然的颜色何其多,为了留住这份美好,我们的祖先便学会了从自然中提取颜色,将它们运用在瓷器、服饰、绘画、建筑、漆器等传统文化的方方面面,形成流传至今的中国色,如图4-4-25所示。

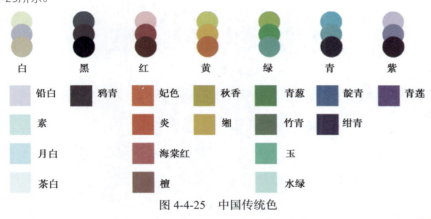

图 4-4-25　中国传统色

YUEDUYOUYI

【1+X 实战演练】

第一部分　理论测试题

一、单项选择题

1.直播预告时,能够增加用户参与热情的方法是(　　　　)。

A.突出嘉宾　　　　　　B.延长时间　　　　　　C.增加预算　　　　　　D.重复预告

2.以下哪个直播平台属于短视频类直播平台?(　　　　)

A.京东　　　　　　　　B.抖音　　　　　　　　C.淘宝　　　　　　　　D.微博

3.以下不属于常见短视频风格的是(　　　　)。

A.恐怖灵异类　　　　　B.剧情类　　　　　　　C.Vlog类　　　　　　　D.教程类

4.以下属于常见短视频风格的是(　　　　)。

A.户外探险类　　　　　B.测评种草类　　　　　C.情感类　　　　　　　D.健康养生类

5.新媒体引流的作用主要是(　　　　)。

A.宣传推广　　　　　　　　　　　　　　B.精准获客

C.提升产品转化率　　　　　　　　　　　D.积累人气

6.以下属于付费推广形式的是(　　　　)。

A.抖+　　　　　　　　B.淘宝微淘图文　　　　C.社群海报　　　　　　D.视频号视频发布

7.直播预告海报文案由哪三部分组成?(　　　　)

A.直播主题、直播机制、直播观众　　　　　　B.直播主题、直播信息、直播机制

C.直播主题、直播信息、直播观众　　　　　　D.直播机制、直播信息、直播目标

8.对于直播预告中增加用户参与热情,哪一项操作是无效的?(　　　)

A.引发好奇　　　　　　B.引发共鸣　　　　　　C.突出亮点　　　　　　D.增加预算

9.预告内容曝光效果低迷,以下哪个步骤是无效操作?(　　　)

A.更换预告文案与素材　　　　　　　　　　　B.更换投放时间及覆盖

C.下线或更换渠道　　　　　　　　　　　　　D.重复发布海报

二、多项选择题

1.短视频脚本的作用有(　　　)。

A.短视频的拍摄提纲、框架,提高短视频拍摄的效率

B.指导后期剪辑

C.提前准备拍摄需要

D.集思广益,得到最优创意点

2.在进行短视频内容制作时应注意(　　　)。

A.视频素材和音乐素材的版权意识　　　　　　B.保守商业秘密

C.作品内容归属　　　　　　　　　　　　　　D.作品版权

3.剧情类短视频的内容特点有(　　　)。

A.合理结合热点融入剧情　　　　　　　　　　B.剧情要有强烈的情绪点和冲突点

C.题材要覆盖大多数人的情感　　　　　　　　D.尽量塑造一个完美人设

4.以下属于短视频剪辑工作的有(　　　)。

A.制作脚本　　　　　　　　　　　　　　　　B.根据素材粗剪框架

C.添加配乐/音效　　　　　　　　　　　　　　D.制作字幕/特效

5.以下属于常见内容分发渠道的有(　　　)。

A.论坛　　　　　　B.短视频平台　　　　　　C.社交平台　　　　　　D.内容社区

6.保证短视频画面清晰的方法有(　　　)。

A.根据拍摄画质、内容场景等需求选择合适的拍摄器材

B.在拍摄过程中选择合适的布景光线和布景时差

C.运用好的防抖镜头或防抖设备保证画面区域无抖动

D.根据实时需求使用灯光设备

7.短视频制作的完整过程包括(　　　)。

A.制作短视频脚本　　　B.确定拍摄工具　　　C.短视频拍摄　　　D.短视频剪辑

8.直播预告海报的风格设计应注意(　　　)。

A.运用合理的互补色和对比色　　　　　　　　B.主体物的明度和纯度与背景拉开差距

C.主次标题尽量突出　　　　　　　　　　　　D.画面设计复杂

9.以下关于直播预告发布时机的说法正确的有(　　　)。

A.直播活动规模较大,预告时间可长一点

B.直播活动规模小,预告时间可短一点

C.选择目标用户的活跃时间段投放

D.预告素材完成后即可投放

10.直播预告海报文案应包含的内容有（　　　）。

A.直播主题　　　　　　B.直播机制　　　　　C.直播信息　　　　D.配色

11.以下关于淘宝的平台优势描述正确的有（　　　）。

A. 用户跨度大，交易场景丰富

B. 推荐流量低

C. 供应链、物流成熟、信用保障体系强

D. 公域流量大，用户活跃度高

12.以下关于抖音的平台优势描述正确的有（　　　）。

A. 供应链、物流成熟

B. 用户规模大，获客成本低

C. 用户群相对年轻，消费能力强，接受新事物能力强

D. 算法推荐流量高

13. 以下哪些营销工具属于平台福利设置？（　　　）

A. 抽奖　　　　　　　　B. 贴纸　　　　　　　　C. 免单　　　　　　　D. 优惠券

三、判断题

1.文案写作只能按照4个黄金法则完成。（　　　）

2.广告不属于直播间的敏感词。（　　　）

3.社群粉丝画像一旦建立就不能进行更改。（　　　）

4.形成传播渠道的关键是站在用户角度，制作让用户产生认同感的内容。（　　　）

5.社交媒体文案写作包括文案策划、文案写作、文案排版编辑、文案输出等部分。（　　　）

第二部分　操作题

1.请为床上用品企业的儿童系列产品拍摄一组直播预告短视频并将其发布到抖音、微信视频号、新浪微博等平台。

2.请完成床上用品企业的儿童系列产品直播预报图，本次活动开始时间是12月12日19点，前100名的观众将获得满300减30的活动优惠，并将其发布到抖音、微信视频号、新浪微博等平台。

3.某企业要开展以"夏季风尚"为主题的系列直播活动，产品包括女装、包包、女鞋等，淘宝直播活动时间是11月8日，届时将有更多的新品上市，更多优惠。为更好地宣传本次活动，现在需要制作一张直播预告海图。

4.背景资料：某集团是一家经营健康和美丽事业的公司，于2009年10月成立于北京。集团建立了全域数字化运营体系，主营体重管理、口服美容、口腔健康、肠胃调节、睡眠改善、营养保健、养生滋补、美妆护肤、健康服务等细分类目。

目前，某集团研发了一款新的女士酵素类产品，通过市场调查，该公司准备定价在80~180元，其产品覆盖中高端，面向学历高、生活品质优、消费水平高，年龄在30~45岁的女性消费者，产品定位高质量、高服务、高便捷。

内容标题	发布时间	内容浏览人数	内容互动人数	引导进店人数	引导支付人数
透视姿美堂，看国货坚持之路！	2010/5/1	1 126	55	17	1
姿美堂：让你逆袭成为"白雪公主"	2010/5/2	1 366	64	94	1
国货崛起！国货姿美堂以产品实力"圈粉"无数青年	2010/5/3	344	0	0	0
持续为"她健康"赋能，姿美堂深入推进"她家庭"健康管理	2010/5/4	36	0	0	0

（1）背景资料中从内容和时间维度统计了直播预热内容的发布效果数据，请问可以从哪两个维度展开分析。

（2）通过直播预热内容带来小店粉丝增加，新增的粉丝主要受到发布内容和内容流量两方面的影响。请思考并回答发布内容、内容流量各自的影响因素（指标）是什么。

5.目前常见的短视频平台有抖音、快手和微信视频号等，请你从中选择一个，说说该短视频平台最大的优势。

6.家纺旗舰店准备新上架国潮抱枕产品，计划将其作为引流款，为店铺引流。产品信息见下表，你作为新媒体引流推广专员，请制订一份引流计划书和撰写新媒体文案，并选择一个自媒体平台进行文案发布。

抱枕基本信息			
品牌	品名样式	产品卖点	价格
小林寝室	国潮抱枕（狮头款）	国潮元素、醒狮、刺绣、回弹柔软、蓬松抑菌、包邮、七天无理由包退	9.9元/个
引流计划书			
引流渠道			
引流方式			
新媒体文案			
挖掘产品卖点和用户需求	需求背景		
	痛点挖掘		
文案写作			

◆ 项目评价

评价要素	评价内容	配分/分	得分/分
遵守纪律	不迟到早退	5	
学习态度	学习态度端正	5	
基础礼仪	仪表仪容干净	5	
	礼貌用语，微笑服务	5	
岗位技能	能说出新媒体引流渠道	10	
	能说出新媒体引流方法	10	
	能为产品撰写文案	10	
	能在新媒体平台发布引流文案	10	
	能说出短视频拍摄流程	10	
	能完成短视频的拍摄和剪辑	10	
	能说出直播预告图的设计元素	10	
	能完成直播预告图的设计与制作	10	
整体评价	90分以上为"优秀"等级； 76~90分为"良好"等级； 60~75分为"合格"等级； 60分以下为 "不合格"等级		

项目五
新媒体电商直播复盘

【项目概述】

科学专业的复盘才能将直播中的经验转换为能力，为后续的运营调整提供重要依据，所以复盘工作是产品运营的一个重要参考维度。经过大家的不懈努力，直播活动终于结束。经理走过来说："今晚大家辛苦了，好好回家休息，明天我们对今天这场直播进行复盘。"李琳愣在原地，喃喃地小声道："什么是直播复盘呢？"经理走过来轻轻拍拍李琳的肩膀说："不着急，明天开会你认真听就知道什么是直播复盘了！"

【项目目标】

知识目标

+ 了解直播复盘的重要性；
+ 了解直播复盘的基本步骤；
+ 熟悉获取直播数据的3种方法；
+ 掌握直播复盘数据分析的基本流程；
+ 熟悉直播数据分析的常用指标。

技能目标

+ 能从直播数据中分析出得失；
+ 能读懂直播数据指标所承载的意义。

思政目标

+ 培养持续学习的精神；
+ 培养不畏困难、迎难而上的精神。

【项目导学】

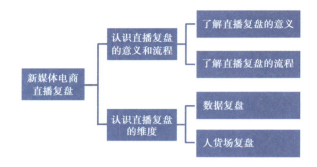

［任务一］

认识直播复盘的意义和流程

◆ **任务描述**

经理告诉李琳："一场两个小时左右的直播，对于直播运营团队的每位成员都是考验，直播结束并非意味着直播环节结束，为了总结经验、提高转化，直播复盘是必要环节。你先了解一下直播复盘的意义及流程吧。"

◆ **任务实施**

通过直播复盘，直播运营团队可以齐心协力找出直播过程中的不足之处，或者提前发现一些未暴露出来的问题，从而查漏补缺，不断优化直播过程，提高直播成绩。

活动一 了解直播复盘的意义

直播复盘是指在直播活动结束后，主播及其团队对直播活动的各项数据进行回顾、分析、总结，查找差距，弥补不足，积累经验，确定后续整体直播的节奏，优化直播效果的过程。直播复盘的目的可以总结为以下几点，如图5-1-1所示。

（1）评估直播效果：通过数据分析，对直播的流量、观众互动、转化率等指标进行全面的评估，了解直播的效果，找出亮点和不足。

（2）发现问题并改进：通过复盘，发现直播中存在的问题，如内容安排不合理、互动效果不佳等，提出改进措施，为后续直播提供参考。

（3）积累经验：通过每次直播的复盘，积累直播经验，提高主播及团队的组织能力、应变能力和策划能力。

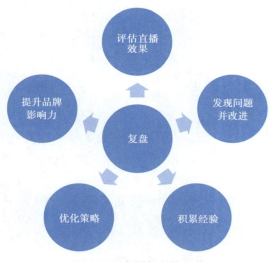

图 5-1-1　直播复盘的目的

（4）优化策略：通过对直播数据的分析，了解观众的需求和喜好，调整和优化直播策略，提高直播效果。

（5）提升品牌影响力：通过高质量的直播内容，提升品牌形象，增加用户黏性和用户忠诚度。

因此，直播复盘可以帮助主播及其团队不断提升直播质量和效果，为后续的直播提供有力的支持和指导。

 做一做

直播需要复盘，我们在学习和工作中是否也需要有复盘思维呢？

活动二　了解直播复盘的流程

直播复盘可以总结为5个基本步骤，如图5-1-2所示。

图 5-1-2　直播复盘"五步法"

一、回顾目标

直播复盘的第一步是回顾刚刚结束的那场直播的目标。目标是否达成是评判一场直播成功与否的关键。将直播的实际结果与目标进行对比，直播团队就可以明白一场直播的营销成绩究竟如何，有差距的地方在哪里。

二、描述过程

描述过程是为了找出哪些操作过程是有益于目标实现的，哪些操作过程是不利于目标实现的。描述过程是分析现实结果与希望目标差距的依据。因此，在描述过程时，需要遵循以下三点原则。

1.真实、客观

直播团队需要对直播的整个工作过程真实、客观地记录，不能主观地美化，也不能进行有倾向性的筛选。

2.全面、完整

直播团队需要提供直播过程中各个方面的信息，而且每一方面的信息都需要描述完整。

3.细节丰富

直播团队需要描述在什么环节，谁用什么方式做了哪些工作，哪些人在什么时间、什么平台发布了多少引流内容，这些引流内容分别是什么类型，观看量有多少，反馈评论有多少，评论回复有多少等。

总之，整个直播过程的细节并不需要全部描述，各种有因果联系的细节才需要详细描述。

 做一做

描述过程的内容需要用文字记录下来吗？为什么？

正方（需要）	反方（不需要）
原因：	原因：

阅读有益

　　文字记录虽然比口述的操作麻烦一些，却是最合适的描述过程的方法。因为通过文字记录，直播团队的每个人都可以很轻易地检查出遗漏的信息、不完善的信息或虚假的信息，并对所记录内容进行修改和完善，从而为后续的复盘工作提供一个较为可靠的分析依据。

　　俗话说，好记性不如烂笔头，现在电子记录非常方便，我们要习惯把心得感受形成文字，这个便于自己日后查看，同时也锻炼了自己的语言文字能力。

YUEDUYOUYI

三、分析原因

分析原因是直播复盘的核心步骤。直播团队只有把原因分析到位，整个复盘才是有成效的。通常情况下，分析原因时，直播团队可以从"与预期不一致"的地方入手，开启连续追问"为什么"模式，经过多次追问后，往往能探究问题背后真正的原因，从而找出真正的解决方法。

图5-1-3中直播观看人数只有851人，图5-1-4中直播观看人数有9 950人。这个数据与直播前的引流工作是息息相关的，可以从以下几个方面思考原因，如图5-1-5所示。

图 5-1-3 抖音数据主屏 1

图 5-1-4 抖音数据主屏 2

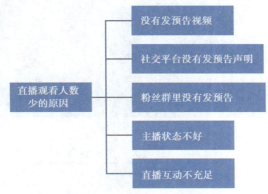
图 5-1-5 直播观看人数原因分析

四、提炼经验

直播复盘提炼经验可以按照以下步骤进行：

（1）**收集数据**：在直播活动结束后，收集直播的所有相关数据，包括观众人数、互动次数、点赞数、弹幕数等。

（2）**分析数据**：对收集到的数据进行深入的分析，找出亮点和不足。例如，可以分析观众的互动情况，了解观众对哪些内容更感兴趣；可以分析转化率，了解直播对销售的提升效果。

（3）**总结经验**：根据分析结果，总结出直播中的优点和不足，并分析原因。例如，可以总结出哪些话题更受欢迎，哪些互动方式更有效等。

（4）**提炼经验**：将总结出的经验进行提炼，形成一套可操作的指南。例如，可以提炼出如何选取更受欢迎的话题、如何提高互动效果等经验。

（5）**制订改进措施**：根据提炼的经验，制订具体的改进措施，并在后续的直播中实施。例如，可以改进直播内容安排，变换观众互动活动等。

五、编写文档

编写文档，是将直播复盘过程中发现的问题、原因，以及得出的经验和改善方法，以表格或者文字的形式固化下来。这对直播团队的直播运营知识提升有非常重要的作用，是直播团队学习的一个重要资料来源。

 做一做

宁可少播一小时，也不可不复盘。直播复盘的目的就是把实践经验拿出来分析，找到做得好的和不好的地方，来进行持续的优化提升，为下一场直播做好准备。图5-1-6为一场34分钟抖音直播的大屏数据，请根据图片信息，完成表5-1-1的数据填写。

图 5-1-6　抖音直播大屏

表5-1-1　直播大屏数据统计表

直播吸引力指标		销售销量指标	
平均在线人数		成交件数	
累计观看人数		成交人数	
新增粉丝数量		点击转化率	
人均观看时长		成交粉丝占比	

[任务二]
NO.2

认识直播复盘的维度

◆ 任务描述

　　通过对直播复盘的简单学习，李琳知道了一场直播并不是主播一个人的事，直播效果的成功与否取决于参与直播工作的所有成员，但如何进行直播复盘操作，李琳还懵懵懂懂。

◆ 任务实施

　　直播复盘中还有一个需要高度重视的内容，就是数据分析。一场直播营销活动往往会产生很多数据，如用户和商品相关数据、直播时长、用户停留时长、用户互动数、用户增长数、商品点击率等。这些数据往往反映了一些问题。因此，在直播复盘环节，直播团队也需要对这些直播数据进行分析。通常情况，我们可以从四个维度对一场直播进行复盘操作，如图5-2-1所示。

图 5-2-1　直播复盘的四个维度

活动一　数据复盘

一、数据获取途径

数据复盘是直播运营中不可或缺的一部分，想要优化直播运营效果，提高直播带货转化率，直播团队必须学会数据复盘。直播团队进行数据复盘的基本思路为：获取数据、分析数据及编制报告，如图5-2-2所示。可以通过以下3种途径查看数据。

图 5-2-2　数据复盘的步骤

1.通过平台后台查看数据

在主播账号后台，通常会有直播数据统计，主播可以在直播过程中或直播结束后通过账号后台获取直播数据。以抖音App为例，对于正在直播的直播间来说，主播可以点击直播界面左上角的"本场点赞"或右上角的"观看人数"来查看实时直播数据，如图5-2-3所示。

对于已经结束直播的直播间来说，主播可以在抖音App中依次点击"我"→"创作者服务中心"→"主播中心"→"数据中心"，然后在"场次数据"界面中选择想要查看的直播场次，即可进入该场直播的数据中心查看详情数据，如图5-2-4所示。

图 5-2-3　抖音直播界面

图 5-2-4　抖音主播数据中心

2.通过平台提供的数据分析工具查看数据

为帮助商家更好地运营店铺，一些平台会专门为本平台用户提供数据分析工具。例如，阿里巴巴集团为商家提供了大量的数据分析工具，如品牌数据银行、生意参谋、达摩盘等。这些工具也能为商家提供淘宝直播的相关数据，商家通过这些数据分析工具可以更方便快捷地了解店铺的直播情况。

其中，生意参谋是阿里巴巴集团统一的商家数据产品平台，它基于全渠道数据融合、全链路数据产品集成，为商家提供数据披露、分析、诊断、建议、优化、预测等一站式数据产品服务，如图5-2-5所示。

图 5-2-5　使用生意参谋查看实时直播数据

3.通过第三方数据分析工具查看数据

除了直播平台提供的数据分析工具，市面上还有很多专门为用户提供直播数据分析服务的第三方数据分析工具，直播运营团队可以利用这些工具搜集自己需要的数据。

（1）飞瓜智投

飞瓜智投主要检测直播间的数据，功能比较多，特别是他们的复盘功能比较强大。飞瓜智投从商品、人气、流量、投放等维度结合回访还原直播现场，自动录制整场直播，并记录里程碑等关键节点，可以快速回看直播画面。通过飞瓜智投用户可以查看直播在线人数、累计观看人数、订单数、销售额、投放消耗等信息，如图5-2-6所示。

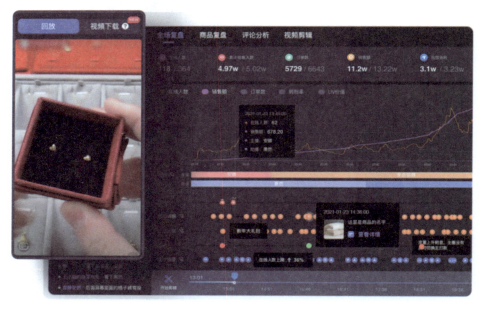

图 5-2-6　飞瓜智投数据复盘界面

（2）蝉妈妈

蝉妈妈是国内知名的抖音、小红书数据分析平台，该平台基于强大的数据分析、品牌营销及服务能力，通过数据查询、商品分析、舆情洞察、用户画像研究、视频监控、数据研究等服务，为国内众多的直播达人提供电商带货一站式解决方案。

以抖音平台为例，蝉妈妈提供了直播、商品、品牌、粉丝、观看趋势及观看人数等多维度数据分析服务，如图5-2-7所示。

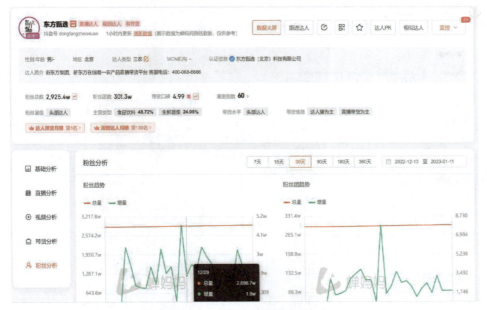

图 5-2-7　蝉妈妈数据复盘界面

 做一做

请同学们查阅相关资料，谈一谈市面上还有哪些可以为用户提供直播数据分析服务的数据分析工具。它们分别有什么功能和特色？

_____

_____

_____

二、重点数据复盘

一场直播结束后会留下很多数据，以下几个数据尤为重要。

1.直播商品数据

主播可以通过直播商品数据来了解直播间商品的销售情况，如商品销量、浏览量等，如图5-2-8所示。

直播过程中，如果直播间观众对主播推荐的商品比较感兴趣，大多会点击查看商品详情。主播可以通过直播间的正在购买人数趋势图，清楚地了解哪款商品比较受直播间观众的喜爱，从而进行重点推广。

2.观众画像数据

观众画像数据一般包括观众的年龄分布、性别分布、地域分布、购买偏好和活跃时间分布等。只要掌握了这些数据，不管是直播间选品还是制订直播优化策略，直播运营团队都可以迅速找到切入点。

图 5-2-8　商品数据

图5-2-9是某直播间的观众画像数据，从中可以看出，直播间观众以25~30岁为主，其中男性观众占大多数，且广东省的观众占比较高。

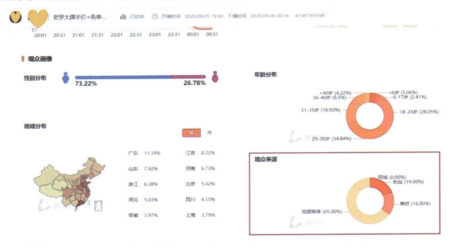

图 5-2-9　观众画像数据

3.流量数据

流量数据一般体现在人气数据上，包含平均观众停留时间、观看人次/人数、人数峰值、平均在线人数、新增粉丝数、转粉率、本场点赞数、弹幕总数等。

图5-2-10是某场直播的人气数据，从中可以看出，本场直播的平均观众停留时间为1分45秒，超过70.47%的主播；共有4.6万人观看了本场直播；直播过程中人数最高达1 461；平均在线人数为562；新增粉丝数为1 693，转粉率为3.70%；全场直播获得点赞数3 857；5 172名观众共发了1 129条弹幕。由此可见，本场直播比较受观众的喜爱。

图 5-2-10　流量数据

阅读有益

　　飞瓜数据提供了人数峰值趋势图,方便用户查看一段时间内直播间人数峰值的变化情况。图5-2-11为某场直播的人数峰值趋势图,从中可以看出人数峰值在20点25分达到最高后整体呈下降趋势。直播运营团队就需要对整场直播进行回顾,分析出现这种现象的原因,如当时直播间有抽奖活动或上架了爆款折扣商品等。

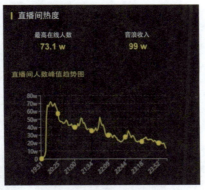

图 5-2-11　　人数峰值趋势图

 做一做

　　在抖音版飞瓜数据分析工具上选择一场你感兴趣的直播,尝试对直播间的人气数据进行分析,并将结果记录在下面的横线上。

_____

　　4.互动数据

　　在直播过程中,观众可以发送实时弹幕。直播结束后,这些弹幕中出现频率较高的关键词会以弹幕词云的形式展示出来。

　　图5-2-12为某场直播的弹幕词云,从中可以看出,"帽子""发货""旗袍""裤子"这几个关键词出现的频率最高,主播就可以在下一次直播过程中对帽子、旗袍商品进行重点讲解,并且多安排一些发放福袋的抽奖活动。

　　5.转化数据

　　以提升销量为目的的直播营销活动,除了销售数量本身,还可以通过商品的点击转化率和销售转换率等数据来分析直播效果。销售转换率就是将观看直播的潜在客户转化为成交客户的概率;点击转化率则是指将商品展现在观众面前,通过展现路径点击购买商品的观众与点击了解商品的观众的比值。

　　图5-2-13是某场直播中的人气数据与带货数据,从中可以看出观众平均停留时长为2分8秒,商品的销售转换率为2.85%,累计观看人数为1 745.74万,可见该直播间商品对观众具有很强的吸引力。

图 5-2-12　弹幕词云

图 5-2-13　转化数据

活动二　人货场复盘

一、人员复盘

一场好的直播就像拍电影一样，前期只有做好充足的准备与规划以及合理的分工与配合，才能拍出一部好的电影。

直播复盘中的人员复盘内容可以包括以下几个方面：

➤ **主播表现**：评估主播在直播中的表现，包括语言表达、互动能力、专业能力、临场应变能力等方面。

➤ **团队配合**：评估团队成员之间的配合程度，包括直播前的准备、直播中的配合、直播后的总结等。

➤ **直播流程**：评估直播流程的合理性，包括时间安排、内容安排、互动环节等。

➤ **观众互动**：评估观众互动效果，包括观众互动数量、质量、反馈等。

➤ **转化效果**：评估直播对销售、转化率等指标的影响，了解直播效果对业务的影响。

通过以上方面的复盘，可以全面了解直播中人员表现和配合情况，为主播及其团队提供有针对性的改进建议，提高直播质量和效果。

二、产品复盘

在产品复盘中，主要关注该场直播中各商品的转化情况。找到畅销品、潜力品和滞销品，如图5-2-14所示。

商品分析

	商品	价格	销量(件)	销量额	转化率	累积讲解时长	上下架时间
1	苹果	26.9	2	53.8	6.6%	03分40秒	22:15:00-22:32:00
2	菠萝	27	20	523	3.5%	05分20秒	14:35:00-22:32:00
3	哈密瓜	25.9	13	292.23	4.3%	08分40秒	14:35:00-22:32:00
4	龙眼	35	14	470	3.7%	07分13秒	14:35:00-22:32:00
5	樱桃	109	5	525	4%	18秒	18:07:00-22:32:00
6	蓝莓	59	23	1271	2.7%	2小时02分47秒	14:35:00-22:32:00
7	荔枝	30.9	3	90.7	4.1%	24秒	14:35:00-22:32:00
8	香蕉	19.9	9	148	4.5%	10分38秒	14:35:00-22:32:00
9	火龙果	48	12	548	3.4%	5分38秒	14:41:00-22:14:00
10	贝贝南瓜	18	21	348	3.5%	49分47秒	14:37:00-22:32:00
11	冰糖橙	29.9	15	423.5	2.5%	06分14秒	14:35:00-22:32:00
12	胡萝卜	15.9	11	164.9	3.1%	03分57秒	15:29:00-22:32:00
13	大蒜	9.9	12	112.8	3%	4小时14分21秒	14:35:00-22:32:00
14	草莓	69	18	1192	1.7%	07分29秒	16:46:00-20:18:00

图 5-2-14　商品分析数据图

三、场景复盘

直播场景对于整场直播有着至关重要的影响,它关系着直播的稳定性、流畅性、清晰度、美观度,甚至还关系着直播间的"曝光-观看率"等核心数据。直播场景复盘的内容可以包括以下几个方面:

➤ 场地布置:评估场地布置的合理性,包括灯光、音响、背景、道具等。

➤ 设备准备:评估设备准备情况,包括摄像机、麦克风、电脑等设备的准备和运行情况。

➤ 网络环境:评估网络环境的稳定性,包括直播平台的网络状况、主播和观众的网络连接等。

➤ 直播画面:评估直播画面的质量,包括清晰度、色彩还原度、稳定性等。

➤ 场景切换:评估场景切换的流畅性和合理性,包括转场效果、过渡方式等。

通过以上方面的复盘,可以全面了解直播场景中存在的问题和不足,为主播及其团队提供有针对性的改进建议,提高直播质量和效果。同时,也可以为主播及其团队积累经验,提高应对各种场景的能力。

复盘场景时,如用文字或表格描述比较麻烦,可以采用图片的形式进行场景特写的留存,如图5-2-15和图5-2-16所示。

图 5-2-15　直播场景照片 1

图 5-2-16　直播场景照片 2

运营团队搜集整理好数据后,可以将直播数据以表格的形式编制成直播复盘表。表5-2-1为抖音电商直播带货复盘样表,将直播复盘数据填入表中,便于接下来的数据分析。直播复盘数据表格没有固定、统一的样式,根据数据分析平台和直播营销团队的具体情况而定。

表5-2-1　抖音电商直播带货复盘样表

基础信息	时间			
	主播/助理			
诊断维度及事项			诊断结果	改进建议
人员	主播话术	直播时互动话术		
		直播间产品话术		
		直播间黏粉话术		
	主播情绪	主播的表情		
		主播的肢体语言		
		主播的声音		
		主播妆容服饰		
	主播与助理配合	主播在直播间节奏的把控		
		助理的协作		
		主播与助理的配合		
货品	货品的组合	直播间产品设计		
		直播间货品的选择		
	货品上架顺序	直播时产品上下架		
		直播间控屏		
场景	直播间场景布置	画面		
		电脑/手机		
		直播间商品陈列		
		直播道具		
		提示音		
场景	账号主题场景	账号昵称		
		个人简介		
		个人页主图		
		私信自动回复		
综合数据分析	人气数据	综合涨粉情况		
		直播间场观		
		直播间场观来源占比		
		平均停留时间		
		直播间互动数据		

续表

诊断维度及事项		诊断结果	改进建议
综合数据分析	带货数据 销售额		
	带货转化率		
	UV价值		

对直播数据进行挖掘与分析，并与直播前的营销效果进行对比，只能体现出直播的客观效果，而流程设置、团队协作、话术设计、道具准备等主观层面的经验则无法通过数据获取，只能通过内部总结得出经验、教训及解决问题的方法，如图5-2-17所示。

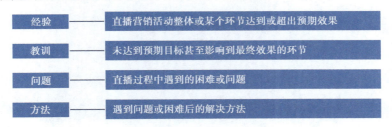

图 5-2-17　经验总结

总之，一场直播并不只是主播在镜头前的侃侃而谈，时间也不是只有直播间那几个小时。要想直播营销取得满意的成绩，直播前的准备、直播后的复盘都必不可少。失败是成功之母，并不意味着失败肯定走向成功，前提是你能不断总结、分析、提高，才有可能走向成功。

 做一做

1.参考以上"经验""教训""问题""方法"的归纳形式，判断以下总结分别属于哪种类型。将答案写在后面的括号里。

（1）主播和助理在对某商品进行现场试用时，由于操作失误，该商品的销量没有达到预期结果。（　　　）

（2）直播前期在微博上采用了"文字+视频"的宣传方式，引流效果超出预期2倍。（　　　）

（3）没有考虑到会有大批观众涌入直播间，结果由于硬件配置过低，出现了直播卡顿的问题。（　　　）

（4）直播过程中，主播在出现口误后，立马让观众猜猜刚才自己哪里说错了。（　　　）

2.观看图5-2-18的数据，回答问题。观看人数为_____；平均停留时长为_____；本场销售总额为_____；转粉率为_____。

图 5-2-18　直播数据流量分析

【1+X 实战演练】

理论测试题

一、单项选择题

1.（　　）一词最早应用于股市，指的是股市收盘后利用静态数据再看一遍市场全貌，总结股市资金流向、大盘抛压、涨跌原因等，使下一步操作时能更好地做出判断，更符合当前的市场情况。

A.复盘　　　　　　　B.回放　　　　　　　C.查看数据详情　　　　　　D.删除

2.（　　）主要是利用客观数据进行复盘分析。

A.数据分析　　　　B.经验总结　　　　C.求和　　　　　　　D.平均数

3.（　　）主要是在主观层面对直播过程进行剖析与总结。

A.数据分析　　　　B.经验总结　　　　C.相减　　　　　　　D.相除

4.对一场直播活动进行复盘，首先需要从（　　）进行分析。

A.粉丝数量　　　　　　　　　　　B.直播问答时长

C.粉丝画像数据指标　　　　　　　D.数据层面

5. 数据分析是直播运营不可缺少的一部分，要想优化直播（　　），提高直播带货的转化率，主播就要学会深耕数据。

A.计算　　　　　　　B.经验总结　　　　　　C.运营效果　　　　　　D.平均数

6.对一场直播活动进行（　　），首先需要从数据层面进行分析。

A.粉丝数量　　　　　　　　　　　　B.直播问答时长

C.粉丝画像数据指标　　　　　　　　D.复盘

7.（　　）指将两个或两个以上的数据进行对比，并分析数据之间的差异，从而揭示其背后隐藏的规律。

A.案例分析法　　　　　　　　　　　B.对比分析法

C.事件分析法　　　　　　　　　　　D.统计分析法

8.数据的分析与总结只能体现直播的（　　），而流程设置、团队协作、主播的台词等主观层面的东西无法用数据获取。

A.卖点信息　　　　　B.客观效果　　　　　C.人气指标　　　　　D.成交数量

9.直播数据分析的第一步是（　　）。

A.获取数据　　　　　　　　　　　　B.统计数据

C.确定数据分析目标　　　　　　　　D.分析数据

10.直播销售额最能直观地体现出主播的（　　），但需要对某一段时间内的数据走向进行综合分析。

A.形象管理能力　　　　　　　　　　B.语言表达能力

C.直播带货能力　　　　　　　　　　D.控场能力

二、判断题

1.一场有效的直播在结束后，通常会继续吸引对产品感兴趣的网友在互联网中进行讨论。（　　）

2.直播复盘每一次都要记录直播中的错误之处，从而对主播进行绩效考核。（　　）

3.作为一支完整的团队，需要将成员的优势充分发挥、成员劣势尽量避免，在团队沟通环节尽量减少人为失误。（　　）

4.在总结过程中，除需要对新媒体团队成员进行总结外，对主播、嘉宾等不需要进行总结。（　　）

5.直播整体或直播过程中的某个环节达到预期甚至超过预期，可以作为经验进行记录，便于下一次直播直接参考。（　　）

6.直播中未达目标甚至影响最终效果的部分，需要总结为教训，后续直播尽量避免此类教训。（　　）

7.直播过程中遇到的新问题、在策划环节没有考虑到的问题，需要记下来，后续直播策划必须将此环节考虑在内。（　　）

8.每次直播后及时复盘，才能发现问题、揭除缺点，为下次直播优化做铺垫。（　　）

9.通常来说，做数据分析的目标是通过数据分析寻找优化直播内容、提升直播效果的方案。（　　）

◆ 项目评价

评价要素	评价内容	配分/分	得分/分
遵守纪律	不迟到早退	10	
学习态度	学习态度端正	10	
基础礼仪	仪表仪容干净	10	
	礼貌用语，微笑服务	10	
岗位技能	能说出获取直播数据的3种方法	10	
	能说出直播复盘中数据分析的基本流程	10	
	能说出直播数据分析的常用指标	10	
	能从直播数据中分析出得失	15	
	能读懂直播数据指标所承载的意义	15	
整体评价	90分以上为"优秀"等级； 76~90分为"良好"等级； 60~75分为"合格"等级； 60分以下为"不合格"等级		

项目实战

直播间开播准备

实战内容是运营重庆火锅底料直播间,首先要完成直播间开播准备,设置直播账号、配置直播设备、布置场景以及准备直播脚本。

活动一 设置账号

抖音的账号信息应该符合主播人设,本活动的目标是打造一个具备吸引力的人设,构思凸显该人设的账号信息,包括账号名称、账号简介、账号头像和账号背景图,并通过抖音App进行实际操作。

账号信息的示例如下。

设置项目	说明
账号名称	根据职业和生活城市设置账号名称,如"bula不散场"或"不辣不散场",体现重庆火锅的特点,以及人物性格特点等
账号简介	在账号简介中描述主播的基本信息,让其个人形象更加真实、有趣,如"本人差点是'90后',重庆人 爱吃辣 无辣不欢,没得事喜欢扯两嗓子,用方言Rap来告诉你重庆特色!雄起!"
账号头像	使用真人照片
账号背景图	使用火锅店的场景图,或展示主播研制火锅调料、唱歌等的生活场景图片

要求:请根据示例内容,构思你所设想的账号信息,将其填入下表中。

设置项目	说明
账号名称	
账号简介	
账号头像	
账号背景图	

活动二　配置直播设备

一场直播带货,需要的设备主要有手机、手机支架、补光灯、声卡、麦克风、计算机等。这些设备都能比较方便地购得。

要求:请列出打造重庆火锅底料直播间所需设备的名称、用途、价格、数量等信息。

序号	设备名称	用途	价格/元	数量
1	球形灯	补充光线,让直播间更加明亮	1 500~5 000	1

活动三　布置场景

对于电商直播而言，直播间的营销属性主要通过背景来展现。

要求：请为重庆火锅底料直播间设计直播背景并阐述原因。

背景色选择	内容的呈现		
	虚拟背景	货架背景	具体场景
颜色：	是/否：	是/否：	是/否：
选择原因：	选择原因：	选择原因：	选择原因：

活动四　准备脚本

直播脚本策划就是直播流程策划，直播前需要提前安排好直播带货的每一个流程，包括时间、地点、商品数量、直播主题、主播、预告文案、直播场控、直播流程（时间段）等要素。

要求：请为重庆火锅底料直播间撰写直播脚本。

×××店铺直播文案			
时间			
地点			
商品数量			
主题			
主播			
场控			

直播流程简介			
时间	总流程	主播	场控
	预热、开场	自我介绍 引入直播品牌 进行产品浏览 优惠机制透出	推送引流
	讲解产品	讲解产品	优惠券弹窗、 直播间公告 透出
	互动玩法	透出直播间活动	把控直播时间
	回顾本场直播款和优惠 机制、引导关注		
注意事项	直播间产品讲解+粉丝互动占比		

直播流程			
预热	自我介绍 引入直播品牌 进行产品浏览 优惠机制透出		
话题引入			
产品讲解	产品名称	产品图片	产品卖点	利益点
粉丝互动	①互动时间节点 ②互动模式 ③互动礼品		
结束预告	①整场商品的回顾、催付 ②引导关注，预告下次直播时间、福利和产品活动		

［实战二］

直播引流

为了给重庆火锅底料直播间的直播活动造势，提升直播的热度值及直播带货的转化量，主播团队可以采用多种方式为直播做预热铺垫。

活动一　直播引流——直播预告图

如图所示的倒计时预告图在营销中有着提醒的作用。

主播发布倒计时预告图既能与用户互动，又能让直播得到持续的曝光和传播。

要求：参考上面的示例，为重庆火锅底料直播间的直播活动策划一张直播预热图，将相关内容填写在下表中。

设计元素	内容1	内容2	内容3
文字			
图片			
色彩			
版式			

活动二　直播引流——软文

通过发布软文，如更新个人简介信息，包括昵称和简介，在其中提示直播时间和内容，利用站外平台（如微博、微信、小红书等）进行宣传预热，如图所示。

要求：按照提示对火锅底料进行爆点挖掘，编写推广文案（至少补充3点）。

爆点	推广文案
火锅底料品牌推广	展示火锅底料的特色、用途、制作过程等，吸引用户的关注，提升其购买欲望
线下火锅底料体验	

活动三 直播引流——直播预热短视频

通过发布直播预热短视频吸引流量,提升直播间的人气,为直播活动预热,扫描二维码可查看直播预热短视频的示例。

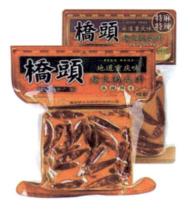

直播预热短视频

要求:参考示例,为重庆火锅底料直播间制作30秒的直播预热短视频,将短视频脚本写在下表中。

镜头编号	景别	镜头运用	画面参考	时长	文案

［实战三］

直播账号运营

重庆火锅底料直播间的人气越来越旺，许多观众都在直播间的评论区留言，直播场控需要对评论进行管理，维持好直播间的评论秩序，并掌握直播物料情况，以及根据主播节奏进行互动催单，促进转化和成交。

活动一　评论管理

管理直播间的观众评论，可以防止直播间出现不友善言论，导致恶评发酵，还能更好地回复观众对产品的功能、使用、价格等提出的问题。

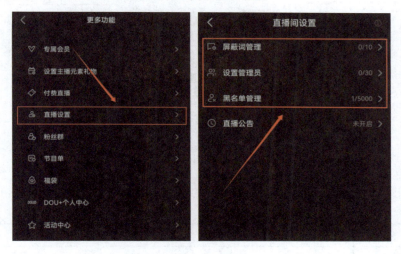

要求：参考上图所示的方法，在直播时对重庆火锅底料直播间的评论进行管理，并简要写出主要操作步骤。

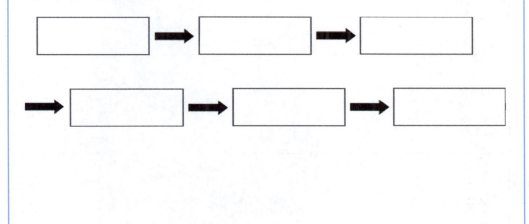

活动二　物料管理

直播场控需要管理直播间的物料，例如对商品进行价格设置、上下架管理、库存设置等操作。商品上下架管理需要配合主播的节奏及时设置，库存设置要根据在线人数进行调整（约为在线人数的30%）。

物料管理参考视频

要求：参考示例，重庆火锅底料直播间的物料该如何进行管理呢？请填写在下面的空格中。

物料管理	具体措施
价格设置	
上下架管理	
库存设置	

活动三　互动催单

在直播间进行互动催单可以提高直播商品的成交量和转化率。直播互动催单的话术通常可以分为3种：第一种是对粉丝发出行动指令；第二种是制造商品稀缺感；第三种是强调对粉丝的利益，见下表。

互动催单话术

类型	示例
发出行动指令	不用想，直接拍，只有我们这里有这样的价格，往后只会越来越贵
制造商品的稀缺感	今天的优惠数量有限，只有100个，卖完就没有了
强调对粉丝的利益	今天只限在我的直播间有这个价格，站外都没有这个价格，并且赠送高级礼品包装，送亲戚倍有面儿

要求：在重庆火锅底料直播间，你如果是场控人员，会如何互动催单呢？请写出3~5句催单话术。

第一句：_____

第二句：_____

第三句：_____

第四句：_____

第五句：_____

[实战四]

直播数据分析

为了更好地提升重庆火锅底料直播间的销售能力，在直播结束后，需要对直播间的流量指标、人气指标、转化指标等数据进行采集分析。

活动一　采集直播数据

1.通过抖音后台直播数据大屏进行采集（图1）。

图1　抖音直播间数据看板

2.通过付费软件对抖音直播数据进行采集（图2）。

图2　飞瓜数据抖音版直播间数据看板

要求：观察图1和图2后，完成以下任务。

1.图1中显示直播时长是＿＿＿＿＿＿＿；直播流量主要来源是＿＿＿＿＿＿＿；成交用户中的男女占比各是＿＿＿＿＿＿＿；进入直播间人数是＿＿＿＿＿＿＿；离开直播间人数是＿＿＿＿＿＿＿；实时在线人数是＿＿＿＿＿＿＿；累计观看人数是＿＿＿＿＿＿＿；成交金额是＿＿＿＿＿＿；销售转化率是＿＿＿＿＿＿＿；新增粉丝数量是＿＿＿＿＿＿；成交粉丝占比是＿＿＿＿＿＿；千次观看成交金额是＿＿＿＿＿＿；成交件数是＿＿＿＿＿＿＿。

2.图2中显示直播时长是＿＿＿＿＿＿＿；直播流量主要来源是＿＿＿＿＿＿＿；成交用户中的男女占比各是＿＿＿＿＿＿＿；进入直播间人数是＿＿＿＿＿＿＿；离开直播间人数是＿＿＿＿＿＿＿；实时在线人数是＿＿＿＿＿＿＿；累计观看人数是＿＿＿＿＿＿＿；成交金额是＿＿＿＿＿＿＿；销售转化率是＿＿＿＿＿＿＿；新增粉丝数量是＿＿＿＿＿＿＿；成交粉丝占比是＿＿＿＿＿＿＿；千次观看成交金额是＿＿＿＿＿＿＿；成交件数是＿＿＿＿＿＿＿；弹幕数是＿＿＿＿＿＿＿；新增粉丝团是＿＿＿＿＿＿＿；平均在线人数是＿＿＿＿＿＿＿；转粉率是＿＿＿＿＿＿＿；UV价值（用户人均价值=本场销售额/观看人次）是＿＿＿＿＿＿＿；总成交额是＿＿＿＿＿＿＿。

3.请你运用Excel工具将以上统计数据进行摘录归类，并为后期运营方向做好数据源储备。

活动二　分析直播数据

　　通过电商罗盘和相应工具，运用公式对活动一摘录的运营数据进行拆解（图3）；下面将从行为数据、效果数据、成交数据（图4）等维度进行拆解。

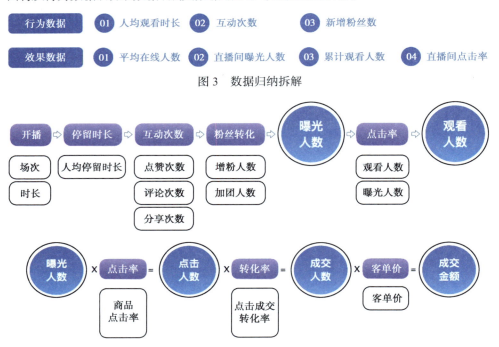

行为数据　　01 人均观看时长　　02 互动次数　　03 新增粉丝数

效果数据　　01 平均在线人数　　02 直播间曝光人数　　03 累计观看人数　　04 直播间点击率

图 3　数据归纳拆解

图 4　成交数据推算公式图

　　要求：参考图1—图4，完成火锅底料直播间行为数据、效果数据、成交数据、数据处理优化策略的填写。

直播名称	行为数据				效果数据				成交数据					数据处理优化策略		备注
	人均停留时长	互动次数	新增人数	加团人数	曝光人数	直播间点击率	累计观看人数	平均在线人数	点击人数	成交人数	成交金额	客单价	点击成交转化率	本场直播数据存在的问题	改进数据策略	
例如：xxxxx火锅底料直播间	1s	3	4	4	123	23	10	24	2	2	2000	x	x	直播流盘不佳；实时在线人数不多	1.优化直播场景中的背景标识 2.调整直播主播出镜的话术引导	

[实战五]

粉丝运营

在流量时代,粉丝是直播间的核心,粉丝经济是一个热门话题。重庆火锅底料直播间的团队成员为做好直播间的粉丝运营,采取了多种方法提高粉丝黏性。

活动一 创建社群

为了更好地与粉丝互动,在直播账号里可以设置社群、话题讨论区等,让粉丝之间可以交流互动,增强粉丝之间的黏性。

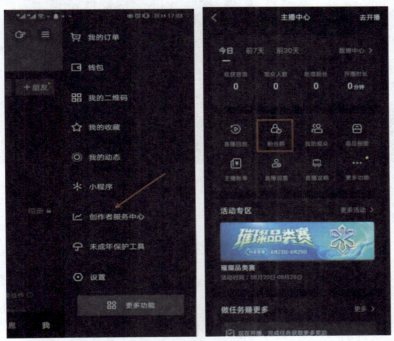

要求:参考上图所示的方法,在抖音平台中创建火锅底料社群,并简要写出主要操作步骤。

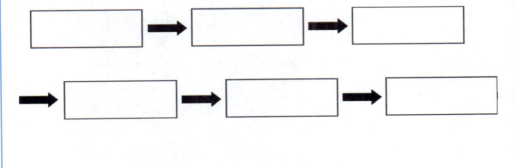

活动二　粉丝导流

　　为了构建一个良好的社群氛围,需要对粉丝群进行正确的管理,设置群管理员、进群方式、群门槛,以提高群的精准营销能力。

　　要求:参考上图所示的方法,完成火锅底料社群的粉丝导流,将设置内容填写在下表中。

设置群管理员	设置＿＿＿＿＿＿个管理员,理由＿＿＿＿＿＿＿＿＿＿＿			
进群方式选择: ＿＿＿＿＿＿＿＿	①抖音用户	②QQ好友	③微信好友	④转发链接,邀请进群
进群门槛选择: ＿＿＿＿＿＿＿＿	①关注条件	②活跃度	③粉丝团等级	④已购用户　⑤屏蔽用户

活动三　粉丝互动

为了更好地与粉丝互动，在粉丝群中里可以通过发布短视频、热门话题、互动活动、直播预热等方式，与粉丝之间建立良好的沟通与互动。

要求：参考以上示例，完成如下操作。

1.抖音中查找不同品牌火锅底料的短视频，观察分析视频后，填写下表。

序号	火锅底料品牌	短视频主题	短视频长度	短视频的创意点
1				
2				
3				

2.自己独立完成火锅底料短视频制作，并发布在抖音粉丝群中。

（1）选取独特的火锅底料主题，与品牌相关。

（2）制作有趣的内容，可采用动画、特效等方式增强观赏性。

（3）保证内容的时长，一般在15秒到1分钟之间。

3.完成社群的粉丝互动活动，将操作步骤填写在下表中。

粉丝互动活动	操作步骤
①派送福袋	
②发优惠券	
③发红包	
④有奖问答	
⑤小游戏挑战	
⑥发布热门话题	

4.发布一则群公告,为火锅底料直播活动预热,将群公告填写在下表中。

火锅底料直播预热群公告